아나운서처럼 **매력** 있게 말하기

아나운서처럼 매력 있게 말하기

초판 1쇄 발행 | 2010년 6월 5일
초판 10쇄 발행 | 2017년 10월 31일

지은이 | 박진영
발행인 | 황인욱
발행처 | 도서출판 오래

주　소 | 서울특별시 마포구 토정로 222, 406호(신수동, 한국출판컨텐츠센터)
이메일 | ore@orebook.com
전　화 | (02)797-8786~7, 070-4109-9966
팩　스 | (02)797-9911
홈페이지 | www.orebook.com
출판신고번호 | 제2016-000355호

ISBN 978-89-964231-2-6 (03320)

*책값은 뒤표지에 있습니다.
*잘못 만들어진 책은 구입하신 서점에서 교환해 드립니다.

아나운서처럼 매력 있게 말하기

박진영 지음

오래

Prologue

세상에서 가장 귀한 도구

 이솝은 불우한 전쟁 노예로 태어났으나 명석한 지혜와 탁월한 논리로 노예 신분에서 해방된 인물이다. 그의 지혜로움을 알 수 있는 일화를 하나 소개하겠다.
 그가 어느 철학자의 노예였을 때 일이다. 이솝의 주인은 이솝에게 귀한 손님들을 저녁 식사에 초대했으니 가장 귀한 재료를 써서 음식을 준비하라고 했다. 미리 당부한 주인은 잔뜩 기대했지만 이솝이 내온 음식은 짐승의 혓바닥으로 된 요리뿐이었다. 화가 난 주인은 이솝을 불러 야단을 치며, 그런 요리들을 내온 이유가 무엇인지 물었다. 그러자 이솝은 태연한 자세로 이렇게 대답했다.

"세상에 혀보다 더 귀한 재료가 어디 있겠습니까? 혀야말로 학문과 지혜의 통로입니다. 인사를 하고, 사업을 일으키며, 절망에 빠진 사람에게 희망을 줄뿐 아니라 죽었던 사람도 살리는 것입니다. 또 혀는 설득의 수단이자, 신을 찬양하는 최고의 도구입니다."

그의 말을 듣고 난 주인은 더 따질 수가 없었고 거기에 있던 모든 사람들 또한 이솝의 말에 고개를 끄덕였다.

다음 날 주인은 이솝을 다시 불렀다. 오늘은 아주 고약한 손님들이 오니 그들에게 맞는 음식을 준비하라고 지시했다. 그런데 이번에도 이솝은 혓바닥 요리를 내왔다. 화를 내는 주인에게 이솝이 말했다.

"혀는 신성을 모독하는 도구입니다. 이 세상에 벌어지는 모든 나쁜 일들은 다 이 혀에서 시작됩니다. 게다가 반역이나 폭력, 시기와 도둑질, 불화의 시작, 싸움의 수단이 되기도 합니다. 혀는 한 번의 잘못으로 전쟁을 일으키고 나라를 쓰러뜨릴 수도 있습니다. 그러니 세상에 이보다 더 나쁜 것은 없을 것이라 생각했습니다."

예나 지금이나 문제의 시발점은 인간의 '혀', 사람의 입에서 나오는 '말'에 의해서 생기나 보다. 이솝의 일화를 통해 말하는 행위가 얼마나 중요한지 다시 한 번 깨닫게 되었다. 나 역시 말을 하는 직업을 갖고 있다. 15년의 방송 생활을 하면서 말에 대한 관심을 갖고 스피치 커뮤니케이션에 대해서 공부하고 있지만 말이란 상상할 수 없을 만큼 위대한 힘을 갖고 있으며 꿈틀꿈틀 살아 있다는 것을 잘 알고 있다. 그래서 말을 할 때 더욱 주의를 기울이게 된다. 나의 진정한 바람은 내가 하는 모든 말과 글이 주변을 환하게 만들고 위로가 되는 역할을 하는 것이다.

이 책은 마치 방송 원고처럼 청취자를 만나는 기분으로 집필해 구어적이고 간결하다. 방송활동을 통해서 얻은 경험과 말에 대한 에피소드, 그리고 말하기에 앞서 알아두어야 할 것 등을 담았다. 직접 인터뷰한 사람들과 언론을 통해 비춰진 사람들의 목소리에도 관심을 갖고 분석해 봤다. 특히 자녀의 말하기 교육에서는 세 아이의 엄마로서 가정에서 실천하고 있는 교육방법과 경험담을 모아 정리해보았다.

아이들의 말하기 교육은 어렸을 때부터 시작해야 하며 가장 큰 역할은 가정과 부모다. 스펀지는 공간이 있어서 물을 빨아들일 수 있는 것처럼, 말하기는 아이가 성장하면서 부모로부터 흡수하는 것이므로 교육의 필요성이 절대적이다. 말하기를 교정하는 것은 약물치료로 되는 것이 아니다. 그렇다고 정신적인 훈련만 해시도 안 된다. 그것을 인지하고 직접 해보는 꾸준한 훈련이 필요하다. 여기에 재물이 계속 나오는 보물단지, 화수분처럼 지식도 쌓아야 한다.

더욱 중요한 것은 사람을 존중하고 자연을 사랑하며 이 세상을 사랑하는 마음이 몸과 마음에 퍼져 있어야 진정한 목소리를 담는 사람이 될 수 있다는 점이다. 마음이 예뻐야 말이 곱고, 고운 말을 해야 목소리도 예쁘게 들리는 것임을 확신한다. 이솝처럼 말을 세상에서 가장 귀한 도구로 생각하는 순간부터 우리의 말하기는 변화할 것이다.

끝으로 이 책을 만드는 데 애써주신 도서출판 오래에 감사를 표하며 책을 쓰다가 힘들어서 지쳐 있을 때 늘 옆에서 지지해주고 인정해준 나의 남편과 세 아이들, 그리고 시어머니와 친정어머니께 고마움을 전하고 싶다.

박 진 영

Contents

Prologue • 04

Chapter 1 아나운서의 대화 기술

말하기의 기본, 경청 • 19
경청에도 올바른 자세가 있다 / 설득하고 싶으면 먼저 경청하라 / 복명복창이 실수를 줄인다

소통하는 말하기 • 27
상대방이 좋아하는 나의 몸짓 / 시선처리, 턱 아래면 곤란해요 / 편안한 대화의 거리, 80센티미터 / 첫인상을 좋게 하는 말하기 / 대화중에 상대방의 이름을 불러주는 효과

말하는 능력 키우기 • 38
매력 있는 사람은 짧게 말한다 / 쉽고 간결하게 말하는 방법 / 준비 없이 말하지 말자 / 사람을 만날 때 질문을 준비해서 가라 / 상대의 기분이 상하지 않게 비판하는 방법 / 하고 싶은 말은 미루지 말고 바로 하자

Talk Talk 귓속말은 안 돼요

Chapter 2 아나운서도 실수하기 쉬운 우리말

잘못된 말 습관 • 61

'~같아요'로 오염된 말투의 속셈을 알자 / 저희 나라 영화배우 / 열심히 하도록 하겠습니다? / 생각하고 써야 하는 '너무'와 '굉장히' / '여러분'이 맞습니다 / 반밖에 없는 팔이 보기 좋다? / 기라성 같은 사람들이 뗑깡 부리네요 / 꽃을 제대로 불러주세요 / 자꾸 된소리를 내면 성격도 거칠어진다 / 극존칭을 제대로 쓰는 방법

알쏭달쏭 헷갈리는 맞춤법 • 81

'다르다'와 '틀리다'는 다르다 / '이에요'와 '이예요'의 너무나 먼 차이 / '그러고 나서'와 '그리고 나서' / '좋은 날 되세요'는 잘못된 표현

Talk Talk 시간대 바르게 읽기

Chapter 3 아나운서처럼 말하기

아나운서의 안정된 목소리 • 92

호흡과 발성으로 이렇게 달라지는 목소리 / 영국 왕자의 목소리가 멋진 이유 / 반복해서 자기 목소리 듣기 / 내 안에 있는 최상의 목소리를 찾아서

목 관리 노하우 • 102

지나치게 애교 섞인 말투는 성대를 손상시킨다 / 자주 화내면 목소리도 변한다 / 나이 40이 되면 자기 목소리에 책임져야 한다 / 변성기 시절 목 관리, 평생 목소리 결정한다 / 목소리 노화를 막는 방법 / 맑고 고운 목소리 유지 비결

Talk Talk 올바른 마이크 사용법

Chapter 4 아나운서 고군분투기

아나운서로 살기 • 123

아나운서 표정 짓기 / 우리말의 고음과 장·단음 / 사투리는 100퍼센트 고칠 수 있어요 / 말의 속도만 조절해도 어감이 다르다

아나운서가 전수하는 말하기 비법 • 134

아나운서 발음 훈련법 / 아나운서답게 입고 오세요 / 얼굴 큰 아나운서의 비애 / 아나운서의 직업병 / 아나운서는 건강해야 한다 / 아나운서가 싫어하는 말

Talk Talk 그녀의 칭찬법 엿보기

Chapter 5 말 잘하는 그의 숨은 비법

내가 이들의 팬인 이유 • 160

손석희의 수상 소감은 뭔가 달랐다 / 김미화의 따뜻한 인터뷰 스타일 / 배우 김명민의 목소리 비결 / 김연아 선수의 당당한 목소리 비결 / 나비처럼 날아서 벌처럼 쏘겠다

직접 만난 그들 • 170

이상철 부회장의 기운 솟게 하는 목소리 / 지휘자 금난새는 달변인가 눌변인가 / 구수한 사투리가 매력적인 로버트 할리 / 안철수의 1% 다른 스피치

성공한 사람에게는 훌륭한 부모가 있다 • 187

김미님의 성공비결, 이 말 한마디 / 링컨은 엄친아였다 / 부모에게 잘 대들던 빌 게이츠

Talk Talk 아벨라르의 세 치 혀 이야기

Chapter 6 아나운서 엄마의 말하기 교육

우리 아이, 말하기 능력 키우기 • 201

아이 스스로 말하는 습관을 갖게 한다 / 말하기의 시작은 인사 예절부터 / 좋은 습관이 아이의 스피치 능력을 키운다 / 놀토의 재발견, 생동감 있게 말하기 / 우리 아이 발표하는 날, 자세는 이렇게

아나운서 집에는 특별한 뭔가가 있다 • 215

우리 집 별별 행사, 가정의 밤 / 칭찬의 역효과, 칭찬도 기술이다 / 기상캐스터 되어 보기

`Talk Talk` 소심한 아이 독립심 기르기

Epilogue • 228

Chapter 1

아나운서의
대화 기술

대화는 '말하기'와 '듣기'로 이루어졌다. 한 사람이 말하면 다른 사람은 들어야 한다. 대화의 절반을 차지하는 듣기는 말하기 능력만큼 중요하다. 최근 들어 많은 사람들이 경청의 기술을 배우려고 하는 현상은 우리 사회가 성숙해지려는 노력의 한 모습이라고 할 수 있다. 그러나 여전히 듣는 기술의 미숙함이 곳곳에 묻어 있어 작게는 주변의 인간관계에서 크게는 사회문제로까지 확산되어 소통의 치료가 필요한 곳이 많아지고 있다.

듣는다는 것은 단순히 귀로 듣는 것만을 의미하지 않는다. 경청의 '청(聽)'을 살펴보면 그 뜻을 더 자세히 알 수 있다. '귀'와 '눈'과 '마음'으로 들어서 그 사람을 '왕' 모시듯 하라는 의미가 있다.

'聽 = 耳 + 目 + 心 + 王'

그만큼 귀로만 듣지 말고 말하는 사람의 눈과 목소리와 말투와 몸짓을 통해 마음까지 이해하려는 자세로 들어야 한다는 것이다. 경청에서 가장 중요한 것은 상대의 이야기를 진심으로 듣는 것이다. 우리는 자신이 남의 이야기를 열심히 들어준다고 생각하지만, 상대의 이야기가 끝나기도 전에 자신의 기준으로 상대의 이야기를 판단해 버리는 일이 간혹 있다. 이렇게 하면 소통은 불가능해지고 말하던 사람은 입을 다물게 된다. 그리고 듣는 사람은 끝내 말하는 사람의 진정한 마음을 알지 못한 채 대화의 문이 닫혀 버린다.

또 사람들은 들어야 할 말보다 듣고 싶은 말에 더 귀를 기울이기 때문에 오해가 생길 수 있다. 오해라는 것도 어찌 보면 말을 못해서가 아니라 제대로 듣지 않아서 생기는 경우가 훨씬 더 많다.

사람은 듣기보다 말하기를 좋아한다. 말하기 좋아하는 상사를 만나면 곤혹스러울 때가 있다. 이런 경험이 있을 것이다.

"오늘 회의에서 김 국장님이 두 시간이나 얘기하셨어. 듣느라 죽는 줄 알았다니까!"

오랜 시간 동안 듣고 있어야 하는 최 대리의 심정을 대강 이해할 수 있다. 직원들은 과연 김 국장의 이야기를 다 흡수할 수 있을까? 경청을 방해하는 요소는 이처럼 긴 시간동안 말을 하는 것이다. 시간과 경청의 관계는 그래서 반비례한다. 누군가에게 이해를 받고 싶다면 순서를 바꿔야 한다. 내가 먼저 상대에게 귀를 기울여야 한다. 여러분은 누군가의 이야기를 잘 들어준 경험이 있는가?

어렸을 때 가부장적인 대가족 문화에서 자란 정숙자 씨는 조용한 편이다. 감정표현을 극도로 자제하는 분위기에서 자라, 여자인 딸이 목소리를 크게 낸다는 것은 상상도 할 수 없었다. 쉰이 넘은 나이에도 말이 없고 주로 남의 말을 들어주다 보니 누구나 그녀를 따르고 좋아하게 되었다. 고개만 끄덕이며 잘 들어주는 그에게 답답하지 않느냐고 질문했더니 "제 자신도 가끔 수다를 떨고 싶어요. 그런데 상대는 제 얘기에 관심이 없어요. 물어보지도 않고 그냥 혼자 다 말해요"라고 고백했다. 정숙자 씨에게 질문 하나 던지지 않고 배설구를 찾은 것처럼 말을 토해내는 사람들에게 자신의 이야기를 꺼낼 틈이 없었다고 한다. 나 역시 그런 대상이었는지 모른다. 상대의 말수가 적다는 이유로, 들어주는 것이 당연하다고 생각하며 내 말만 늘어놓지는 않았는지 반성해본다.

그동안 우리는 경청에 대한 특별한 교육을 받지 못했다. 듣기능력을 키우기 위해 따로 배웠던 기억이 없다. 많이 들어주는 만큼 거둔다는 말이 있는 것처럼 이제 우리는 다른 사람의 말을 잘 들어주는 훈련을 해야 한다. 대화의 기본, 경청을 사랑하자.

말하기의 기본, 경청

경청에도 올바른 자세가 있다

누군가의 말을 열심히 듣고 있는데 전혀 의도하지 않은 하잘 것 없는 생각이 살며시 기어들어와 경청에 훼방을 놓은 경험이 있을 것이다. 그것은 집중을 하지 않은 결과다. 몸은 그 자리에 있는데 생각은 이미 떠났을지도 모른다. 실제로 사람은 상대방이 말한 내용의 20퍼센트만 집중해서 듣는다고 한다. 가장 중요한 것을 놓치고 중요하지 않은 것에 집중하다 보면 예기치 않은 결과를 야기할 수 있다.

다음 이야기는 미국의 경영인 디이터 F. 우흐트도르프의 연설 중 '중요한 것에 대한 시야를 상실하는 것'에 관한 부분을 인용한 것이다.

1973년 어느 어두운 밤, 록히드의 1011점보제트기가 플로리다 주에 버글레이즈에 추락해서 100명 이상 사망했다. 이 끔찍한 사고는 미국 역사상 가장 참혹한 추락 사고 중 하나였다. 모든 중요 부품과 기체의 시스템이 완벽하게 작동하고 있었으나 막 최종 착륙을 하려는 순간 승무원은 녹색 등 하나에 불이 들어오지 않는다는 것을 발견했다. 이 등은 앞바퀴가 성공적으로 펼쳐졌는지 여부를 표시해주는 것이었으므로 불이 들어오지 않는다는 것은 앞바퀴에 문제가 있다는 신호였다. 조종사들은 활주로 진입을 즉각 중지하고 계속해서 칠흑 같은 상공을 선회하며 문제를 찾는 데 주의를 기울였다.

그러나 그들은 앞바퀴에 문제가 있다고 판단하고 이에 너무 몰두한 나머지 비행기가 점차 어두운 늪 가까이로 하강하고 있다는 것을 깨닫지 못했으며 알아챘을 때는 이미 너무 늦어버린 후였다. 엄청난 추락 사고가 난 뒤, 조사원들은 원인을 규명하려 노력했는데 앞바퀴는 정상적으로 내려와 있었다. 비행기는 기계적으로 완벽했으며 한 가지만 빼고 모든 것이 제대로 작동하고 있었다. 그것은 필라멘트가 끊어진 전구 하나였다. 20센트밖에 하지 않는 표시등의 작은 전구가 100여 명의 사람들을 죽음으로 몰아넣은 결과를 낳은 셈이다.

물론 전구 사체가 사고의 원인이 된 것은 아니다. 사고는 조종사가 그 순간에 중요해 보이는 다른 것에 집중하느라 정작 가장 중요한 시야 확보를 하지 못했기 때문에 일어났다.

많은 사람들이 스스로 집중을 한다고 하지만 엉뚱한 곳에 집중하는 바람에 문제가 생긴다. 대화의 핵심이 무엇인지 귀 기울이지 못하고 자신이 듣고 싶은 부분만 선택해서 집중한 나머지 핵심을 놓쳐 낭패를 볼 수가 있다. 따라서 경청할 때 필요한 자세로 다음 세 가지를 당부한다.

첫째, 몰입을 해야 한다. 남의 말을 들을 때는 진지하게 들어야 한다. 몰입해서 들어준 사람에게는 자신의 보물 같은 속 이야기를 꺼내고 싶어지는 것이 사람의 심리이다. 자신이 말하고 있을 때 상대가 다른 곳을 쳐다보거나 주의가 산만하면 계속 말을 할 수 없다. 사람의 뇌는 그런 데 반응하는 것을 좋아하지 않는다고 한다. 나의 의도와 상관없이 상대는 자신을 무시한다고 생각해서 불편해하거나 더는 말을 하고 싶어 하지 않을 수 있다.

어느 교수는 수업시간에 학생들이 하품을 하거나 시선이 다른 곳에 가 있으면 바로 수업을 중단해버린다. 그래서 그 교수의 수업 시간만 되면 학생들은 집중을 한다. 듣기 훈련을 제대로 하는 것이다.

둘째, 중간에 말을 하고 싶어도 꾹 참아야 한다. 사람들은 자신이 이야기하고 싶은 것이 있으면 타인의 이야기에는 별로 관심을 보이지 않는다. 열심히 얘기한다 해도 상대는 집중해서 듣지 못한다. 따라서 먼저 상대방이 하고 싶은 이야기를 끈기 있게 충분히 들어야 한다. 개인적인 자리에서도 상대의 말을 끝까지 듣기보다는 중간에 말허리를 자르고 자신의 생각을 전하려고 하는 사람이 있다. 남이 하면 말을 자르는 것이고 내가 하면 한정된 시간 안에 정확한 정보를 주는 선행이라고 착각하지 말자.

셋째, 듣고 싶은 것만 듣고 자기 위주로 해석하면 곤란하다. 너무나 똑똑해서 남의 말을 잘 듣지 않는 사람은 필요에 따라 자신이 듣고 싶은 것만 선택하고 모든 것을 자기 방식대로 해석한다. 말은 한 사람이 했는데 함께 들었던 세 명의 해석은 모두 다를 수 있다. 이는 주의가 분산되어 있고 사람마다 자신의 의지대로 판단하려는 마음이 있기 때문이다.

우리의 생각이 다른 곳으로 향해 있어 경청을 방해하고 있는 것은 아닌지 돌아봐야 한다. 가장 중요한 것들이 아니라 그 순간에만 중요한 덧없는 것들에 마음이 집중되어 있지는 않은지 살펴보아야 작은 전구 하나에 필라멘트가 끊어진 것인지 아닌지 발견할 수 있는 것이다.

그렇다고 도무지 무슨 말을 하려는지 모르겠고 무작정 장황하게 하는 이야기를 듣는 것은 결코 쉽지 않다. 시간이 넉넉하다면야 맘먹고 들어줄 수 있지만 정해진 시간에 마무리를 지어야 할 상황에서는 난감할 뿐이다. 평소에 방송 MC들의 끝 멘트를 잘 살펴보자.

"좋은 내용을 계속 듣고 싶은데 시간이 다 되어 여기서 마무리 짓겠습니다. 다음에 또 들을 수 있기를 바랍니다. 그리고 오늘 말씀은 정말 잘 들었습니다."

마무리가 깔끔하다. 중요한 것은 사소한 대화에서라도 마무리에 감사의 표현을 잊지 않도록 하자. 그러나 이론과 현실은 간극이 존재하나 보다. 나 역시 75세인 친정어머니를 만나면 산산이 부서지고 만다. 50분짜리 드라마를 100분에 걸쳐 맛깔스럽게 설명하는 어머니의 말솜씨는 친구들에게 대단한 인기가 있지만 나에게는 곤혹스럽기 짝이 없다. 결국 중간에 끼어들고 만다. 이 글을 쓰면서 "엄마, 그래서요? 용건만 간단히!" 했던 나를 반성해본다.

설득하고 싶으면 먼저 경청하라

어떤 사람은 특별히 큰 노력을 기울이는 것 같지 않은데도 상대방을 쉽게 설득하고, 어떤 사람은 상대방을 설득시키겠다고 벼르고 다가가지만 자신의 감정만 순진하게 드러낼 뿐 별 성과를 내지 못하기도 한다. 어떻게 하면 설득을 잘할 수 있을까? 다른 사람을 설득하려면 대화에서 이기려고 할 것이 아니라 역지사지의 자세로 먼저 상대방 입장을 이해해야 한다. 다음 이야기를 살펴보자.

모처럼 만난 북풍과 태양이 힘자랑을 하게 되었다. 나그네의 외투를 벗긴 쪽이 이기는 것으로 결정하고 먼저 북풍이 시작했다. 북풍이 강하게 불면 불수록 나그네는 더욱 움츠러들면서 단단히 옷을 여미었다. 속상해하는 북풍을 앞에 두고 다음은 태양이 조금씩 열을 더하기 시작했다. 곧이어 나그네는 옷을 하나씩 벗기 시작했다. 태양은 빙그레 웃었다.

이는 무리하게 강요하는 것보다 부드럽게 설득하는 편이 더 효과적이라는 교훈을 주는 유명한 이야기이다. 북풍은 나그네의 마음을 헤아리지 못하고 무작정 밀어붙였다. 내가 먼저 베풀 것을 생각하고 진심으로 상대에게 다가가야 마음의 문이 열리게 된다는 설득의 법칙을 위반한 셈이다.

그렇다면 설득을 하는 사람과 당하는 사람 중 어느 쪽이 더 말을 많이 하는 게 좋을까? 일반적으로 설득을 하기 위해 장황하게 설교를 늘어놓는 방식은 아주 위험하다. 말이 길어질수록 상대는 듣기만 하는 걸 좋아하지 않는다. 오히려 상대에게 말할 기회를 주어야 소통이 원활해진다. 설득전문가는 7 대 3의 법칙을 활용하여 상대방이 7, 자신이 3의 분량으로 조절해서 말해야 한다고 하는데 이는 방송에서도 해당하는 법칙이다. 진행자들은 될 수 있으면 말을 아껴 초대 손님으로부터 많은 말을 이끌어내야 한다. 누군가를 설득하고 싶은가? 그럼 나의 말을 줄여보자. 그리고 잘 들어주자.

복명복창이 실수를 줄인다

일본의 기업에는 여전히 복명복창이 존재한다. 복명복창이란 상급자가 내린 명령과 지시를 되풀이해서 말하는 것으로 이를 통해서 명령과 지시가 정확하게 전달되었는지 다시 한 번 확인하는 대화법이다. 더불어 일의 긴장감과 추진력을 다짐하게 되는 효과가 있다. 조직의 크고 작음과 상관없이 상사가 지시를 하거나 부탁을 하면 레스토랑의 웨이터처럼 수첩에 메모한 후, 복명복창하면서 지시내용을 확인하는 작업은 일의 실수를 미리 예방할 수 있게 해준다.

임원 회의가 끝난 후 회의장에서 나온 어느 부장이 "이 부장, 오늘 사장님이 말씀하신 게 뭐지? 내가 제대로 못 들어서 그러는데……" 라고 한다. 변명이 참 궁색하다. 간혹 상사로부터 받은 지시사항을 정확하게 이해하지 못한 경우가 있는데 지시받은 업무를 제대로 파악하지 못하면 일이 진행될수록 꼬일 수밖에 없다.

"강물 씨, 물 한 잔 가져와요."
"네, 알겠습니다. 냉수 한 잔 가져오겠습니다."
"아니, 따뜻하게 부탁해요."

여기서 강물 씨는 복명복창으로 두 번 일하지 않아도 되는 효과를 얻었다.

군대 문화에서 시작된 복명복창은 지금도 이어지고 있다. 그 이유는 무엇일까? 전시에는 잘못 전달된 명령으로 수많은 목숨을 잃을 수 있기 때문에 치열한 경쟁 속의 전쟁터에서 복명복창은 어찌 보면 당연한 것이다. 복명복창은 지시나 명령 후 바로 실천으로 옮기게 되는 준비 자세나 마찬가지다. 나중에 실수해서 미안해하거나 후회하지 말고 복명복창으로 실수를 줄여보자.

복명복창의 준비물은 메모를 할 수 있는 펜과 수첩이다. 엉뚱하게 동문서답하지 않으려면 메모가 필요하다. 메모하면서 지시를 듣거나 질문을 받으면 상대에게 신중한 사람으로 각인시켜주고 한번 들은 내용을 빠뜨리지 않고 기억할 수 있어 좋다. 따라서 메모를 할 수 없으면 복명복창도 한계가 있다. 옛말에 아무리 총명한 사람이라도 메모하는 습관을 가진 사람을 따를 수 없다고 했다. 그만큼 메모하는 습관은 떨어지는 기억력을 잠시 해방시켜주기도 한다.

또 잘 모르는 것은 꼭 질문해서 확인하는 습관을 갖도록 하자. 질문을 다시 하면 상사가 자신을 부족한 사람으로 여길 것이라고 생각해 대충 자신의 해석대로 일을 처리한 경험이 있을 것이다. 사전에 그 절차에 대해 협의를 많이 할수록 뜻밖의 낭패를 더 많이 줄일 수 있다. 더는 '그때 한 번만 물어봤어도 이렇게 되지는 않았을 텐데' 하고 후회하지 말자.

소통하는 말하기

상대방이 좋아하는 나의 몸짓

　대화를 할 때 경청도 중요하지만 조용히 듣고만 있는 것으로 충분하지는 않다. 적절한 반응을 해야 한다. 나의 반응은 상대의 이야기를 잘 듣고 있다는 메시지를 보여 주는 것이므로 그에게 호감을 사기 위해서는 상대가 기분 좋을 수 있도록 해주는 것이 배려 깊은 자세이다. 도로를 지나가는 자동차 뒤쪽 창문으로 가끔 고개를 끄덕끄덕 하는 강아지 인형이 놓여 있는 것을 본 적이 있을 것이다. 햇빛을 받으면서 고개를 끄덕이는 인형을 가만히 보고 있으면 절로 웃음이 난다. 나를 알고나 있는 것처럼 끄덕여주는 그것이 때로는 친구처럼 위안이 될 때가 있다. 이처럼 끄덕임의 효과는 실제로 크다. 나를 이해해주고 인정해준다는 표시이기 때문이다. 방송에서도 적극적으로 고개를 끄덕이는 객

석의 표정을 잡아 프로그램 사이사이에 비쳐준다. 이것 역시 시청자도 같이 공감해달라는 제작진의 간접적인 주문의 의미도 포함되어 있는 것이다. 상대방의 말을 들을 때는 고개를 끄덕이거나 적절한 부분에서 마음껏 웃어주는 것도 대화 분위기를 활기 있게 만들어준다.

● 대화의 123 원칙

❶ 1번 이야기하면,
❷ 2번은 잘 들어주고,
❸ 3번은 맞장구를 치자.

요즘은 보이는 라디오 방송도 있지만 대체로 라디오는 음성이 주로 들리는 매체이므로 초대 손님과 진행을 할 때는 무엇보다 둘의 호흡이 중요하다. 라디오를 진행할 때 "네", "아니오" 같은 말만 할 수도 없는 노릇이기 때문에 내가 할 리액션을 모두 정리해서 적어놓고 상황에 따라 하나씩 골라 일부러라도 맞장구를 쳤다. 몸에 밸 정도로 맞장구를 연습했던 시절, 나의 별명은 한동안 감탄사 '어머나'였다.

"(고개 끄덕이며) 네."
"(놀란 표정으로) 그래서요? 어떻게 됐나요?"
"(동감의 표정으로) 그렇죠."
"그럴 수밖에 없었겠어요."

"(안타까운 표정으로) 어머나, 그럴 수가……."
"참 놀랍네요!"
"(활짝 웃으며) 아주 희망이 가득하네요."
"저라도 그랬겠는데요?"
"(감탄의 표정으로) 대단하시군요!"
"(슬픈 표정으로) 많이 슬프셨겠어요."
"(상황에 맞게 궁금해하는 표정으로) 그 이후에 어떤 변화가 있었나요?"

경청할 때는 표정도 중요하다. 슬픔에 잠긴 이에게는 슬픈 표정을 짓는 것만으로 위로의 말 백 마디의 효과를 줄 수 있다. 또 사람들과 함께 있을 때 전적으로 그들과 함께 있다는 느낌을 전해야 한다. 절반은 그들과 함께 있고, 나머지 절반은 다음 약속을 미리 생각하고 있다는 것을 상대는 다 알아챈다. 그런 인상을 주지 않도록 그 자리에서 최선을 다해야 한다. 이처럼 자연스러운 대화는 경청을 하더라도 적극적인 반응을 요구하고 있다.

지금도 나는 시어머니와 만나 대화를 하면 한두 시간은 금방 지나간다. 진지하게 반응을 해주고 잘 들어드리면 어머니는 술술 말씀하신다. 그래서일까? 마음의 즐거움은 얼굴을 더욱 빛나게 하는 법. 여전히 소녀 같은 나의 어머니는 내가 평소에 잘해드리지 못하는데도 며느리와 잘 통한다고 말씀하신다. 마음의 즐거움은 서로를 이해해주는 소통에 있는 것이다.

시선처리, 턱 아래면 곤란해요

내가 수습 생활을 마치고 건강 상담실 프로그램을 진행하게 됐을 때의 일이다. 50분 동안 의료 상담을 한 소아과 전문의는 방송을 마친 뒤 서둘러 스튜디오 문을 나서더니 담당 PD에게 식은땀을 닦으며 하소연하기 시작했다.

"젊은 여자 아나운서가 저를 뚫어져라 쳐다보는데……. 말을 할 수가 있어야죠. 아, 힘들어!"

뒤에서 듣고 있던 나는 너무 부끄럽고 미안했다. 나도 모르게 아주 진중하게 듣다 보니 의식을 못했나 보다. 그를 뚫어질 정도로 바라봤으니 상대는 당연히 부담을 느꼈던 것이다. 그날 이후 나는 방송을 하거나 누군가와 대화를 할 때면 그의 말을 떠올리며 주의를 한다.

서양에서는 반드시 상대방의 얼굴을 보면서 대화하라고 하지만 우리나라에서는 특히 윗사람과 이야기할 때 상대의 눈을 똑바로 쳐다보면 "누굴 똑바로 쳐다보는 거죠?"와 같이 버릇없다는 말을 들을 수도 있다.

시선을 너무 뚫어지게 보는 것도 상대에게 부담이 되고 그렇다고 나른 곳을 보고 있으면 상대가 오해할 수 있다. 나는 수로 입술을 보는 편인데 가끔 입가가 청결치 못한 사람을 만나면 곤혹스러울 때도 있다. 그럴 땐 미간이나 콧등을 보곤 한다. 특히 남성들은 대화 상대가 여성일 때 턱 아래 가슴 쪽을 힐끗 보게 되면 불쾌함을 느끼게 할 수 있는 무례한 행위이니 조심해야 한다.

편안한 대화의 거리, 80센티미터

　대화하는 상대방과의 거리도 중요하다. 너무 가까이에서 이야기를 하는 것은 상대의 사적인 공간을 침범하는 것과 같다. 커뮤니케이션 연구학자인 에드워드 홀이 정의한 '친밀 거리'를 보면 30센티미터 거리에서 이뤄지는 대화는 부부나 연인처럼 친밀한 관계가 전제된다. 아무리 부부가 싸우더라도 한 이불을 덮고 가까운 거리에서 대화를 나누다 보면 그 다음 날의 해님도 방긋이다. 또한 서로의 눈빛이나 억양, 심지어 숨소리, 구취까지 느낄 수 있으므로 이성 간에는 아무리 가까운 사이라도 함부로 이 거리를 침범하지 말아야 한다.
　아랍이나 중동 문화에서 대화하는 거리는 15~30센티미터라고 하는데 유럽의 북미 사람들은 우리나라 사람들처럼 이 거리를 불편하게 생각한다고 한다. 그럼 격식이나 예의가 필요한 거리는 어느 정도일까? 보통 무의식중에 편안함을 주는 거리는 80센티미터 정도다. 좋은 인상을 남기고 싶다면 편안한 대화의 거리를 명심하자. 만약 처음 만나는 자리라면 찻집이나 식당의 테이블 거리가 너무 가까워도 상대에게 부담을 줄 수 있다. 약 1미터 정도 거리가 떨어져 있는 테이블이 훨씬 편안하다. 회의실의 테이블이 넓은 이유도 그런 심리를 고려한 것이다. 특히 여성은 옆자리에 앉는 것을 아주 부담스러워 하므로 이를 배려하는 센스도 기억해두자.

우리는 대화를 할 때, 언어를 통해서만 자신의 의사를 표현한다고 생각할 수 있다. 그러나 좀 더 관찰해 보면 언어만을 사용하지 않는다는 것을 알게 된다. 표정을 보면 말을 하지 않고도 그 사람의 감정을 느낄 수 있다. 예를 들어 놀라운 소식을 전할 때 눈은 매우 커져 있으며 행복한 소식을 전할 때는 얼굴에 미소가 가득할 것이다.

그래서 표정을 비언어적 메시지라고도 한다. 비언어적 메시지란 상대와 주고받는 언어 외의 모든 것들, 즉 표정과 자세, 대화 어투, 시선 그리고 넓게는 복장과 헤어스타일 같은 외형적 요소 등을 말한다. 에드워드 홀은 이를 '침묵의 언어'라고 표현했다. 캘리포니아 주립대학교의 앨버트 메라비언 교수 역시 상대에게 호감을 가는 것은 표정과 태도가 55퍼센트, 목소리가 38퍼센트이고 언어에 의한 내용은 7퍼센트에 불과하다고 할 만큼 비언어적 요소가 중요하다고 했다. 그래서 말 한마디 나누지 않았지만 자신의 이야기를 눈을 반짝이며 잘 들어주는 사람에게 더 호감을 느끼고, 그런 사람이 오래도록 기억에 남는 법이다. 부드럽게 온화한 표정을 짓고, 편안한 거리를 유지한다면 그 순간이 즐거웠던 대화의 시간으로 남을 것이다.

첫인상을 좋게 하는 말하기

훤칠한 외모와 또박또박 분명한 말투에서부터 신뢰감을 주는 인물이다. 행정고시 출신 간부답지 않게 서글서글하고 상대의 이야기를 끝까지 들어주는 진솔함이 돋보인다.

이 글은 어느 고위 간부의 발탁 배경이 쓰인 모 신문기사의 내용이다. 이 간부에 대한 기사 내용으로만 봐도 아주 좋은 이미지를 갖고 있는 듯하다. 외모와 말투에서 오는 신뢰감, 서글서글한 성격, 경청하는 자세까지 그는 완벽에 가깝다. 신은 사람의 마음을, 사람은 사람의 겉모습을 먼저 본다고 하는데 사람이 평가하는 첫인상은 대부분 외모와 말투에서 결정된다.

우리는 누구나 다른 사람이 자신을 좋아하고 인정해주기를 바란다. 또 보통 자신과 비슷한 사람을 좋아하고 자기와 공통점이 별로 없는 사람들에 대해서는 호감보다 반감을 갖는다. 우리가 다른 사람의 첫인상에 예민한 이유는 자신에게 닥칠지도 모를 위험을 미리 감지하고 자신의 안전을 보장하려는 심리적 기제에서 나온다고 한다.

이러한 논리라면 상대에게 편안함을 주는 것은 첫인상을 좋게 하는 가장 쉬운 방법이다. 입꼬리가 처졌거나 무표정한 얼굴의 사람을 대하는 것보다 항상 웃는 얼굴과 환한 표정을 짓는 사람을 보는 것이 당연히 더 편안할 것이다. 따라서 평소에도 웃는 얼굴을 유지하도록 항상 표정 연습을 할 필요가 있다. '메뚜기 뒷다리' 혹은 '위스키 와 이키키'라고 말하면 입꼬리가 살짝 올라간다. 그 상태를 유지하는 연습을 하여 표정을 아름답게 만들어보자.

　말은 정확하게, 천천히, 그리고 부드럽게 하자. 편하다고 다짜고짜 반말부터 하면 상대에게 나쁜 인상으로 봐달라는 것과 다름없다. 의도적이라도 배려하는 마음을 갖는다면 친절하고 겸손한 말투가 나오게 될 것이다. 친절함은 따스함과 긍정적인 느낌을 갖게 한다. 첫인상을 좋게 하는 방법을 정리해보자.

❶ 미소를 머금는다.
❷ 말은 정확하게 천천히, 부드럽게 한다.
❸ 자신의 말보다는 상대의 말을 잘 들어준다.

　이 세 가지를 잘 지킨다면 자신의 첫인상에 대해 더 이상 걱정할 필요가 없다. 호감이라는 것은 그 사람의 어투와 표정, 행동 등에 의해 얼마든지 바뀔 수 있는 것이다.

　어느 의원은 대중에게 강한 인상을 심어주기 위해 일부러 얼굴에 힘을 주다 오히려 뻣뻣한 인상으로 비쳐졌다고 한다. 첫인싱이 좋지 않으면 이후 그 사람에 대해 아무리 긍정적인 정보를 접해도 이미지는 쉽게 바뀌지 않는다. 처음에 들어오는 정보가 나중에 들어오는 정보에 대한 해석 기준을 유도하기 때문이다.

이것을 '첫인상의 맥락효과'라고 하는데 상대방에게 한번 새겨진 첫인상은 많은 노력을 기울이지 않는 한 바꾸기가 어렵다. 몇 배의 노력을 기울여야 한다. 또 첫인상이 좋은 사람에게는 다른 특성, 예를 들어 지능이나 성격도 좋을 것이라고 믿는 '후광효과' 마저 생기게 된다. 그러므로 나쁜 인상 때문에 그 사람의 다른 부분까지 부정적으로 평가될 수 있다.

인간의 심리적인 측면을 살펴보면, 너무나 주관적이어서 억지스러운 면도 없지 않지만 그만큼 우리는 첫인상의 효과를 간과해서는 안 된다. 웃는 표정과 정확하게 말하기, 그리고 잘 들어주기 이 세 가지를 항상 기억해서 첫 만남이 계속 이어지길 바란다. 무엇이든 심는 대로 거둔다.

대화중에 상대방의 이름을 불러주는 효과

방송의 날 특집으로 교통 전문가와 대담 프로그램을 하게 되었다. 그는 베테랑다운 실력으로 쉽게 설명하면서 중간 중간 나에게 질문을 던지기도 했다.

"박진영 아나운서는 그런 상황에서 어떻게 하시겠어요?"

"박진영 씨도 가끔 신호위반을 한 적이 있는 것처럼……"

그는 이렇게 가끔 나의 이름을 거론하며 진행을 했다. 내가 그의 이름을 불러주기 전에는 그는 다만 하나의 몸짓에 지나지 않았고 내가 그의 이름을 불러주었을 때 그는 나에게로 와서 꽃이 되었다는 시구처럼 내 이름 하나 불러준 것뿐인데 마치 꽃이 된 것처럼 기분이 좋아졌다. 이후 탁월한 그의 진행 실력 때문이기도 했지만 그에 대한 호감은 특집방송 때면 그를 꼭 1순위로 섭외하게 했다.

대화 도중에 상대방의 이름을 불러주는 효과는 무엇일까? 이름은 자신과 다른 사람을 구분하고 자신이 소중한 존재임을 일깨워주는 도구이다. 특히 정치인의 경우 유권자의 이름을 잘 기억하지 못하면 정치할 자격이 없다고 할 만큼 사람의 이름을 기억해서 불러주는 것은 중요하다.

단순히 "이 보고서는 아주 완벽해요"라고 하기보다는 "정 차장님, 이 보고서는 아주 완벽해요"라고 상대방의 호칭이나 이름을 함께 불러주면 의미가 강하게 전달된다. 누군가를 설득하거나 말을 듣는 자리에서도 "정말 멋진 이야기에요, ○○○ 씨!"라고 자연스럽게 상대방의 이름을 부르면서 칭찬한다면 상대방에게 특별한 감정도 심어줄 수 있다.

그러나 주의할 것이 있다. 상내의 이름이나 성을 바꿔 부르는 등의 실수를 하면 오히려 역효과가 날 수 있다. 그러므로 메모지에 이름이나 소속을 적어 놓아 그러한 실수를 줄여야 한다.

또한 상대방의 인상과 함께 이름을 잘 기억하려면 명확하게 들어야 한다. 경청의 힘이 여기서도 발휘되는 것이다. 마음속으로 여러 번 상대의 이름을 되뇌면서 대화 도중 자주 사용해보는 것도 좋은 방법이다. "나는 사람 이름을 잘 외우지 못하거든요" 하는 변명은 웃으며 말해도 결코 예쁘지 않다.

말하는 능력 키우기

매력 있는 사람은 짧게 말한다

사람들은 상대가 길게 말하는 걸 좋아하지 않는다. 듣기만 하는 것을 나는 '고문'이라고 표현한다. 요즘 현대인들은 누구나 간결하고 명쾌하며 짧은 말을 선호하지만 머피의 법칙처럼 누군가에게 잘 보여야 하는 어려운 자리일수록 말은 길어지고 장황해진다. 왜 그럴까? 불안하기 때문이다. 마음이 불안해지면 잘해야겠다는 생각에 말을 끊지 못하고 계속 이어간다. 마침표가 없이 계속 '~했으므로', '~였다고 볼 때', '~에 있어' 등의 밀과 집속사 사용을 그칠 줄 모른다. 그러다 나중에 정리하지 못하고 횡설수설하게 되는 것이다.

공식적인 자리나 많은 사람들 앞에서 말을 하려면 긴장하고 불안한 것이 당연하다. 그러나 짧게, 단문으로 말하는 훈련을 계속 하다 보면 오히려 말하면서 자신의 생각이 정리되는 걸 느끼게 된다. 말하는 시간으로 보면 자신의 자연스러운 호흡에 맞춰 약 5초 정도에 한 문장이면 좋다. 들이마시고 내쉬는 한 호흡의 범위 안에서 말하면 된다.

또한 아무리 좋은 이야기라도 듣고 난 후 기억에 남지 않는다면 무슨 소용이 있을까? 내가 한 이야기를 상대방이 전부 이해하고 받아들일 것이라고 생각하는 것은 큰 착각이다. 사람들에게 전달되는 단어의 한계는 보통 40~50개이다. 그 이상이 넘어가면 별로 효과가 없고 기억에 남지 않는다.

따라서 10분 동안 프레젠테이션을 하게 된다면 집중해서 1~2분 이야기하고 사례를 설명하면서 쉽게 풀어가야 한다. 라디오 방송에서도 중요한 내용의 인터뷰는 대략 3분 정도다. 3분이 넘어가면 청취자의 집중력이 떨어지고 주의가 산만해질 수 있으므로 음악을 내보내기도 한다.

3분으로 예정되었던 축사 시간을 10분, 15분까지 넘기고 마지막으로 청중의 건강과 염려의 덕담까지 해주고 나서야 무대를 내려간 출연자가 있었다. 짧게 해달라는 사회자의 부탁을 받고서도 "기왕 이 자리에 선 김에 몇 마디 더 드리겠습니다. 저는 세 가지를 말씀드리고 싶습니다. 첫째, 우리 지역의 경제가……"라고 계속 말을 이어나갔다. 지역사회의 원로인 그의 축사는 아주 훌륭한 내용이었지만 강의실이나 학회에서 어울릴 법한 전문적인 내용이었다. 청중의 얼굴에는 어서 끝내기를 바라는 표정이 그대로 나타나, 눈을 감고 있는 사람부터 하품하는 사람까지 심심찮게 보였다. 이어서 나온 소비자 대표가 불과 1분 만에 축사를 끝내자 모두들 우레와 같은 박수로 화답했다.

큰 규모의 행사일수록, 그리고 사람이 많이 모일수록 마이크 신드롬은 여러 사람에게 전달된다. 마이크 앞에 선 순간 누구나 마음에 두고 하고 싶었던 말들, 혹은 자신을 드러내놓고 싶은 사람을 향해 순식간에 그 바이러스가 번진다.

남의 말을 경청하는 것은 내가 얘기하는 것보다 3배 이상의 에너지가 필요하다고 한다. 당연히 말하는 시간이 길어질수록 듣는 사람은 힘들어지기 때문에 그 효과 또한 떨어질 수밖에 없다. 따라서 최대한 간결하게 또 근거를 명확히 제시해야 한다. 주어진 시간이 3분이라면 가능한 2분 30초 정도로 생각하고 말을 하는 것이 좋다.

행사에 참석한 학생들을 대상으로 오늘 자신이 느낀 스피치를 한 줄로 평가해보라고 주문해봤다. 가장 많았던 답 세 가지를 정리해보면 다음과 같다.

"쉬지 않고 계속 말하는 건 귀도 아프고 늘기도 싫어요."
"쉬운 말을 어렵게 설명하는 사람 있죠? 왜 그래요? 어른들은?"
"교과서 같은 말만 하는 고지식한 이야기를 긴 시간동안 듣는데 숨 막혔어요."

두 시간짜리 행사가 너무나 지루했나 보다. 모두 입이 불룩 나온 채로 한마디씩 했다. 당연하다. 특히 자신이 말을 잘한다고 생각하는 사람들은 앞의 평가를 귀담아 들어야 한다.

쉽고 간결하게 말하는 방법

쉬운 말을 어렵게 하지 말자. 이는 방송 언어의 특징이기도 하다. 그러기 위해서는 먼저 전문용어를 피해야 한다. 전문학회나 세미나 등 전문용어가 필요한 특수한 경우를 제외하고 일반적인 대화에서는 피하는 것이 좋다. 나는 쉬운 말을 어렵게 하는 사람을 만나면 인터뷰 전에 "초등학교 5학년생 아이에게 설명하듯 하시면 됩니다"라고 거듭 부탁한다.

상대방의 경청을 돕기 위해서는 첫째, 가능한 쉽게 풀어서 누구나 이해할 수 있는 쉬운 말로, 간결하게 이야기를 하도록 노력해야 한다. 예를 들어 "향후 본 상품을 구입해서 사용하겠습니다"보다는 "앞으로 이 상품을 사서 쓰겠습니다"가 듣기에 더 익숙하고 와 닿는다.

둘째, 이야기를 논리적으로 전개하려면 논리적인 사고가 필요하다. 이것 역시 저절로 되지 않는다. 정치, 경제, 인문 등 논리적이고 합리적으로 쓰인 책을 읽는 것도 생각의 틀을 만드는 데 도움이 된다. 말을 잘하는 것은 단시간에 뚝딱 되는 것이 아니다. 독서를 통해 자신의 관심분야를 넓고 깊게 만드는 것도 말을 하는 데 큰 도움이 된다.

"질문을 이해하지 못했는데, 다시 한 번 말씀해주시겠어요?"

상대방에게 두 번, 세 번 이런 말을 듣는다면 자신의 말에 대해 생각해봐야 한다. 말하는 목적은 상대에게 내 뜻을 전달하고 이해시키는 것이므로 상대방이 알아듣지 못한다면 문제가 있는 것이다. 따라서 자신이 하는 말이 문법에 맞지 않는지, 상대방을 압도하기 위해 일부러 전문용어나 어려운 표현을 쓰고 있지는 않은지, 그런 어투가 습관이 되지는 않았는지 살펴봐야 한다.

셋째, 긴 문장보다는 짧은 문장으로 정리하는 연습이 필요하다. 말은 잘하는데 말이 많은 사람이 있다. 말이 많으면 쓸 말이 적고 실수를 하게 되며 급기야 듣는 사람이 귀가 아파 듣기 싫어하게 된다. 무사가 칼을 다루듯이 짧고 쉽게 하자.

넷째, 변명으로 말을 시작하면 지루한 인상을 준다. 군더더기 말은 필요가 없다.

중요한 행사에 축사로 나선 두 사람이 각각 어떻게 말을 시작하는지 살펴보자. 두 사람 모두 긴장을 해서인지 겸손한 표정을 지으며 무대에 올라왔다.

"제가 너무 부족한데 이런 자리에 응하는 게 맞는지 모르겠습니다. 실은 제가 밤새 연구한 나머지 할 말을 미처 준비를 못해 무슨 말부터 해야 할지 모르겠습니다. 그래서 지금 떨리고……. 아무쪼록 여러분이 양해해주시길 바랍니다."

"갑작스럽게 제가 이 자리에 서게 됐습니다. 자꾸 축사를 부탁해서 섰는데 감기까지 걸려서 목소리가 이상합니다만 양해해주시길 바랍니다."

불필요하게 변명하는 두 사람 모두 그리 좋은 모습이 아니다. 축사 시작부터 '준비를 못했다'는 것을 고백할 필요가 있을까? 그렇게 말하면 청중이 측은지심에 더욱 정성껏 들어줄 것이라고 기대하는 것일까? 끊임없이 미안하다고 말하고 용서를 비는 사람은 불안정하게 보인다. 또 변명하는 순간 단점이 노출된다는 것을 알아야 한다. 우리는 대개 잘못된 일에 대해 열심히 변명한다. 그러나 변명을 하지 말고 바로 스피치에 들어가야 좋은 인상을 줄 수 있다.

준비 없이 말하지 말자

방송 초년생 시절, 각계각층의 성공한 사람들을 인터뷰하면서 많은 사람들이 나에게 '아나운서 님'이라며 극진히 대접해주는 것에 한동안 으쓱했었던 적이 있었다. 만나는 사람들 가운데는 생소한 분야의 전문가도 종종 있어서 사전에 공부를 하고 가도 인터뷰 내용을 이해하기 어려워 절반도 알아듣지 못한 적도 있었다. 당시 모르는 단어가 들리면 재빨리 메모를 해두었다가 나중에 검토해보곤 했는데, 방송 중에는 아나운서 체면이 망가질까봐 마치 다 아는 것처럼 고개를 끄덕였다. 준비도 부족하고, 솔직하지 못한 모습이 참 한심해보였다.

　이후 나는 가능한 많은 자료와 책을 통해 공부하려고 노력했고 조금이라도 이해가 되지 않는 부분은 전문가에게 직접 물어보며 인터뷰 준비를 했다. 알고 말하는 것과 모르면서 아는 척 말하는 것은 방송을 듣다 보면 구분할 수 있다. 충분히 이해하면서 질문할 때와 모르면서 원고 내용대로만 질문할 때는 목소리에서도 차이가 난다. 혹시나 괜한 질문했다가 망신만 당하지 않을까 하는 두려움으로 원고에만 의존하는 MC보다 열심히 공부하고 준비해서 소신껏 이끌어가는 진행자의 목소리에는 카리스마가 있다. 준비가 철저하면 자신감이란 든든한 옷을 입은 것처럼 목소리가 힘차고 분명하기 때문이다. 또한 두려움도 이겨낼 수 있다.

　왜 긴장을 하게 되는지 곰곰이 생각해보자. "사람들이 저를 손가락질할 것 같아요", "나를 무시하지 않을까 무섭기도 해요" 등 마음속에 웅크리고 있는 공포를 몰아내려면 생각의 선환이 필요하다. 말 잘하는 미국 사람들도 두려움의 대상 1위가 '스피치'라고 한다. 세상 사람 모두가 말하기에 앞서 두려움을 느낀다는 의미이다.

　사람들은 내게 "박진영 씨는 마이크 앞에 서면 이제 하나도 안 떨리죠?"라고 묻는다. 아니다. 전혀 그렇지 않다. 30년차 아나운서도 마이크 앞에만 서면 떨린다고 한다. 연설 전문가 역시 무대공포증이 있다. 모두가 느끼는 이 긴장감을 너무 확대해서 걱정하거나 두려워하지 말자.

"저는 제 발표 차례가 다가오면 심장이 쿵쾅거려서 주체할 수가 없어요. 이럴 때는 어떻게 해야 하죠?"라고 질문하는 사람들이 있다. 이런 순간에는 긴장할 때 나타나는 신체의 변화를 이해하면 도움이 된다. 발표를 앞두고 심장박동이 빨라지며 얼굴이 상기되는 것은 나의 몸이 외부의 자극을 느끼고 반응할 태세를 갖추는 것이다. 주인이 말을 잘할 수 있도록 준비하고 있음을 표현하는 것이다. 그래서 사람은 어느 정도 긴장된 상태에서 더 말을 잘하게 된다. 긴장은 당연한 것이라고 받아들여야 한다. '아, 내 몸이 먼저 준비 태세를 갖추는 구나. 그래, 우리 잘해보자'라고 몸에게 자신의 생각을 전하자. 자기암시가 필요하다.

미국에는 말 잘하는 CEO가 많다. 그들의 공통점은 하나같이 입이 딱 벌어질 만큼 완벽한 준비를 한다는 점이다. 말 잘하기로 유명한 미국 시스코의 존 챔버스 회장은 연설을 하기 전에 직접 원고를 쓴다고 한다. 그는 A4용지 70장 정도의 분량에 자신이 할 말을 직접 써보며 말하는 도중 언제 물을 마실지, 어떤 대목에서 청중을 바라볼지도 메모해놓을 만큼 아주 철저하게 준비를 하는 것으로 유명하다. 물론 리허설도 수십 번 한다. 그의 연설을 들은 청중의 반응이 어떠할지는 보지 않고도 짐작이 간다.

"저는 연습을 한다고 하는데 사람들 앞에만 서면 아무 생각이 나질 않고 빨리 들어가고만 싶어요. 불안과 긴장을 없앨 수는 없는 건가요?"라고 묻는 사람에게 나는 이렇게 대답한다.

"제 말대로 하면 잘할 수 있어요. 딱 스무 번만 연습해보세요."

대부분의 사람들이 긴장하는 이유는 연습 부족에서 온다. 반복해서 연습하면 자연스럽게 자신감이 생기게 된다. 아침에 씨앗을 뿌려 낮에 콩을 거두기 바라는 농부가 있을까? 농부에게 부지런함과 인내가 필요하듯이 말을 잘하기 위해서는 우리의 상상보다 훨씬 더 많은 연습이 필요하다. 노력한 만큼 반드시 훌륭한 열매를 거둘 수 있게 될 것이다.

사람을 만날 때 질문을 준비해서 가라

지금까지 우리는 정답 맞추기에만 익숙하고 정작 질문하기에는 소홀했다. 대체로 주의 깊게 경청하는 사람은 적절하게 질문을 할 수 있고, 상대방으로 하여금 많은 이야기를 할 수 있게 만든다. 또 질문을 어떻게 하느냐에 따라 질문한 사람의 이미지가 달라 보인다.

첫 만남인데도 불구하고 분위기를 부드럽게 이끌어가는 능력이 아주 돋보이는 한 아나운서가 있었다. 그래서 그녀와 만나면 대부분 호감을 갖게 만들어버리는 아주 매력적인 아나운서였다. 그에게 있는 특별한 것이 무엇인지 동료 여성들은 궁금해했다. 정말 무엇이 그를 돋보이게 하는 것일까?

비결은 바로 누군가와 약속이 되어 있으면 그는 항상 질문을 준비하는 것이다. 예술가를 만나기로 하면 먼저 예술에 대한 전반적인 정보와 요즘 첨예하게 이슈가 되는 사안들을 나눠서 공부하고 예술과 관련한 시사나 상식도 체크해서 이야깃거리를 준비해 갔다. 그렇게 철저한 준비를 바탕으로 적절한 때에 질문을 던지면서 상대의 말을 한껏 들어주는 그녀에게서 어느 누가 시선을 돌릴 수 있겠는가?

질문은 자신을 돋보이게 하는 힘이자 경쟁력이다. 질문을 잘하려면 무엇보다 제대로 질문하는 법을 배워야 한다. 모르면 질문도 못한다는 말처럼 학습을 해야 그에 대한 질문도 할 수 있다. 질문하는 방법도 상대와 상황에 따라 적절하게 구사하는 것이 필요하다. 나는 방송을 통해 질문하는 법을 배워왔다. 질문을 센스 있고 명쾌하게 잘하는 아나운서는 어느 자리에서도 능력을 인정받을 만큼 질문은 중요하다.

인터뷰 방송이 기획되면 인터뷰할 대상자는 질문을 미리 보내달라고 주문한다. 그러나 질문 뽑기가 간단하지 않다. 1시간짜리 대담 프로그램이나 3분에서 5분짜리 미니 인터뷰 프로그램이나 상관없이 담당자들은 상대에 대한 정보와 더불어 인터뷰 주제에 대한 전반적인 공부를 시작한다. 스태프들은 질문을 다양하게 만들기 위해 여러 각도로 정보를 캐고 재해석하기도 하며 멋진 질문을 탄생시킨다. 질문을 만들기 위해서는 호기심을 갖고 분석하는 능력과 부지런함, 그리고 적극적인 자세가 필요하다. 보통 적게는 10개에서 많게는 50여 개의 질문이 필요하기도 하다.

질문을 할 때 가장 힘들게 했던 인터뷰이는 "예" 또는 "아니오"만으로 대답하거나 단답형으로 말하는 사람이다. 그러나 여기에는 인터뷰어의 책임도 어느 정도 있다. 상대방의 입을 열게 하는, 상대방의 의견이나 주장을 충분하게 펼 수 있도록 하는 질문을 던져야 한다.

예를 들면, "이 방법이 완벽한 거죠?"라는 질문에는 "네" 혹은 "그렇습니다", "아니요"라는 대답으로 끝날 수 있다. 그러나 "이 방법이 어떤 면에서 완벽하다고 볼 수 있습니까?"라고 질문하게 되면 "네, 여러 면에서 훌륭한 정책이라고 생각합니다. 첫째……" 하며 인터뷰를 자연스럽게 이어나갈 수 있다. 마찬가지로 성격 급한 상사가 부하 직원들에게 다짜고짜 "이 프로젝트가 좋아요, 안 좋아요?"라고 묻는다면 둘 중의 하나를 선택할 수밖에 없다. 반면에 "이 프로젝트가 어떻다고 생각해요? 단점은 뭔가요?"라고 질문한다면 자신의 의견을 전달할 수 있게 된다.

성경에 보면 예수도 종종 제자들에게 질문을 던졌다.

"너희는 나를 누구라 하느냐?"

예수는 제자들 스스로 자신이 가르친 원리들을 깊이 생각해서 생활에 적용하도록 격려했다. 이처럼 질문은 생각을 하게 만들고 자신을 분석하게 하며 결심을 하게 하는 힘이 있다.

상대의 기분이 상하지 않게 비판하는 방법

월드 뉴스에서 이런 기사를 보도한 적이 있다. 캐나다 국회에서 국회의원이 손가락 욕을 해 퇴장당했다는 소식이었다. 간 큰 그 의원은 질의응답 시간에 다른 의원을 비판하면서 가운데 손가락을 치켜세운 채 여러 차례 손가락 욕을 했으며 주먹을 쥐고 흔들어 보이기까지 했다. 이를 본 캐나다 국민들의 반응은 냉담했고 누리꾼들은 "회의 내용과 상관없이 정치인이 어떻게 그런 부적절한 언사와 손가락 욕을 했는지 비난받아 마땅하다"고 평가했다. 그 의원이 공개적인 장소, 그것도 국회에서 그렇게 할 수밖에 없었던 상황은 들어봐야 하겠지만 그러한 배려를 하기에는 그의 행동이 너무 과격했다.

누군가에게 비판의 소리를 들으면 그것이 비록 옳은 내용일지라도 기분은 썩 좋지 않다. 마음 같아서는 상대의 뺨이라도 때려주고 싶은 마음이 들지만 그럴 수도 없는 노릇이다. 상대의 기분을 상하지 않게 하면서 하고 싶은 말을 다 전달할 수 있는 방법이 없을까? 이럴 때 '샌드위치 화법'을 이용해보자. 어느 남학생이 샌드위치를 먹으면서 말하는 것을 샌드위치 화법이라고 하는 거냐고 짓궂게 질문했던 일이 문득 생각난다. 그에 대한 나의 대답도 남학생 못지않았다.

"맛있는 샌드위치를 먹고 난 후 기분이 절로 좋아져서 상대방에게 유쾌한 말을 던진다면, 그것도 무조건 틀린 말은 아니겠네요. 와, 멋진 해석인데요?"

샌드위치가 빵과 빵 사이에 햄이나 각종 야채가 들어 있는 것처럼 칭찬과 칭찬 사이에 하기 곤란했던 질책이나 충고, 비판의 말을 끼워 넣어 부드러운 분위기에서 말하는 것을 샌드위치 화법이라고 한다. 즉 맨 아래 깔리는 빵과 맨 위에 덮는 빵이 칭찬이라면 가운데 있는 햄, 야채, 소스 등은 말하려는 핵심이다. 상대방의 문제를 지적하려면 칭찬을 먼저 하고 또 칭찬이나 격려로 마무리한다.

"윤 실장, 자네가 일을 맡으면 항상 안심이 돼. 그런데 이번 프로젝트는 성의가 조금 부족했던 거 아닌가? 분석도 부족하고 결론도 약하다고 생각하는데? 그래도 나는 자네의 뚝심과 능력을 믿네. 좀 더 노력해 봐. 알았나?"

부장에게 이런 말을 들은 윤 실장은 자기 부서로 돌아가면서 어떤 생각을 할까? 현명한 부장은 윤 실장의 자존심을 충분히 배려하면서 지적할 부분은 정확히 전달했다. 게다가 격려까지 잊지 않는 멋진 충고를 했다. 윤 실장 역시 자존심 상하지 않고 앞으로 실수를 하지 않도록 더욱 분발할 각오를 하면서 자기 자리로 돌아갈 것이다.

꾸짖을 일이 생기면 본능적으로 화가 치밀어 소리부터 지르고 싶을 텐데 왜 칭찬부터 먼저하고 본론으로 들어가야 할까? 꾸짖음의 순간에는 먼저 상대방의 마음을 부드럽게 열린 상태로 만들 필요가 있다. 서로 경직되어 있으면 어떠한 꾸짖음도 들리지 않고 감정만 상하게 된다. 그러나 칭찬이나 인정의 말로 시작하면 자신은 상대에게 공격당하는 느낌을 받지 않아 마음을 열고 안심을 하게 된다. 그 다음에 질책을 하고 다시 격려를 해준다면 프로젝트는 성공적으로 마무리될 수 있을 것이다.

영화 〈네고시에이터〉를 보면 협상가다운 게 무엇인지 느끼게 된다. 급박하고 피비린내 나는 인질극 상황에서도 그들은 협상의 대원칙인 샌드위치 화법을 벗어나지 않는다. 상대의 신뢰부터 얻고 본격적으로 할 말을 한 뒤 다시 신뢰를 확인시켜주는 협상의 순서를 정확히 따르고 있다.

누군가를 꾸짖거나 비판하고 싶다면 아무리 화가 날지라도 마음을 안정시키고 침착하게 칭찬의 말부터 해보자. 숨을 크게 들이마시고 내쉬는 호흡을 몇 번 하다 보면 어느새 협상가처럼 날아가는 화살을 잡을 수 있을지도 모른다. 미국의 실업가인 찰스 엠 슈웹은 이렇게 말했다.

"나는 사람이 어떤 상황에 있든지, 인정받을 때보다 비판받을 때 더 힘껏 노력하고, 더 일을 잘하게 되는 것을 한 번도 보지 못했다."

이 말은 사람들이 비판받기보다는 감사의 인사와 인정을 받을 때, 더 잘해보겠다는 동기를 부여받음을 강조하는 것이다.

하고 싶은 말은 미루지 말고 바로 하자

우리는 너무나 많은 오늘의 시간을 내일에 대한 걱정으로 허비하고 있다는 생각이 들 때가 있다. 가장 중요한 일을 미루어서는 안 된다. 오늘에 충실하기 위해 가장 중요한 일을 해야 하고 그 중요한 일을 미루지 않아야 한다. 이를 강조한 종교 지도자 토마스 에스 몬슨의 일화를 미국의 어느 잡지는 이렇게 썼다.

어떤 사람이 아내가 죽은 직후 그녀의 옷장 서랍에서 옷 한 벌을 발견했는데, 그것은 그녀가 9년 전에 미국 동부 지역을 방문했을 때 구입한 옷이었다고 한다. 옷을 너무나 비싸게 샀기 때문에 아내는 그것을 입지 않고 특별한 때를 위해 보관해두었던 것이다. 죽은 아내의 남편은 친구에게 그 특별한 때는 결코 오지 않았다고 하면서 이렇게 말했다.
"특별한 때를 위해 무언가를 보관해두지 말게나. 인생에서는 하루하루가 특별한 때일세."
남편의 그 말 한마디는 친구의 인생을 바꾸어 놓았고, 그의 아내 역시 생활습관이 바뀌기 시작했다. 그 부부는 가장 중요한 것을 미루지 않게 되었으며 매일 아침 오늘이 자신에게 특별한 날이 될 수 있을 것이라고 말했다. 매일, 매시, 매분이 특별하다고 말이다.
"이제 저는 가족과 더 많은 시간을 나눕니다. 날마다 크리스털 잔을 사용하고 선물 받은 비싼 속옷도 바로 입어요. '언젠가' 혹은 '어느 특별한 날에'라는 말을 저는 이제 사용하지 않습니다. 저는 지금이 가장 소중해요. 옛 친구들에게는 전화를 걸어 과거에 있었던 말다툼에 대해 화해를 청하고, 가족에게는 내가 그들을 얼마나 사랑하고 있는지 말합니다."

오늘이 가장 특별한 날이 될 수 있도록 사랑을 전파하고 사는 일이야말로 얼마나 소중하고 보람 있는 일인가? '오늘 할 수 있는 일을 결코 내일로 미루지 말라'는 격언은 우리가 가족과 친구에게 사랑과 애정을 표현할 때 더욱 필요한 말이다. 특히 신혼 시절이 지나고 결혼 생활이 오래되다 보면 부부들의 대화는 길게 이어지지 않고 건조할 때가 많다. 자녀에게도 품안에 있을 때와는 달리 부모로서 애정표현을 잘 못하고 넘어갈 때가 많을 것이다.

작가 해리엇 비처 스토는 "무덤에서 흘리는 가장 비통한 눈물은 하지 못한 말과 행동 때문이다"라고 말하면서 현재에 충실해야 함을 강조했다. 그리고 어느 시인은 영원히 잃어버린 기호에 대한 슬픔을 다음과 같이 시로 표현했다.

끝도 없이 커다란 이 도시에
길모퉁이를 돌면 친구가 살고 있네
하루가 가고 한 주가 가고

알지도 못하는 사이에 일 년이 갔네

그동안 나는 친구의 얼굴을 못 보았네

인생은 화살 같고 무서운 경주와 같으니

내일은 오고 내일은 또 가버려

우리 사이의 거리는 점점 멀어지네

바로 길모퉁이! – 그러나 몇 마일 떨어져 있네

"선생님, 전보요."

"짐 오늘 사망."

우리가 마지막에 가서 얻는 것은 결국 그것뿐

길모퉁이에 가버린 친구가 있네

— 〈리아호나〉에 실린 한 부분

이 시의 내용처럼 친한 친구나 가족을 만나는 일을 더는 미루지 말자. 그리고 자신의 마음속에만 있는 뭔가를 끄집어내어 말로 표현해주자. 사람으로 태어난 이상 언젠가는 죽을 것이다. 하고 싶은 말은 이제 미루지 말고 바로 하자.

 귓속말은 안 돼요

결론부터 말하면 옆 사람에게 귓속말을 해서는 안 된다. 특히 여러 사람과 함께 있을 때 귓속말로 속닥거리는 것은 보기에도 그리 좋은 모습이 아니다. 가끔 모임에 가보면 그리 중요한 얘기도 아닌 것 같은데 옆 사람에게 속삭이는 목소리로 말하는 사람을 볼 수 있다.

'지금 무슨 말을 했을까? 내 이야기하는 것은 아닐까?'

괜히 신경쓰이기도 한다. 둘이서 낮은 목소리로 속삭이다가 누군가 들어왔을 때 슬슬 눈치를 보며 말을 멈추기라도 하면 혹시 내 험담을 하고 있었나 하는 생각을 하게 되고 자리를 함께한 사람들에게도 괜한 오해를 살 수 있다.

'그들은 과연 무슨 말을 했기에…' 하는 제목으로 신문 한편에 정치인들끼리 귓속말을 하는 사진이 실려 있는 경우를 종종 볼 수 있다. 기자의 추측성 기사가 들어가는 것만 봐도 사람들은 귓속말에 민감하고 몹시 궁금해하며 나름대로 해석하려 한다.

귓속말이란 다른 사람이 듣지 못하게끔 상대방 귀 가까이에 입을 대고 소곤거리는 말이다. 프랑스의 어느 철학자는 "우리는 귓속말로 들은 것을 가장 쉽게 믿는다"고 했다. 귀에서 귀로 살금살금 옮겨지는 말은 순식간에 퍼져 나간다. 근거 없이 시작한 말은 여러 사람의 입과 귀를 거치고 나면 하나의 소설로 만들어져 독자들에게 다가간다. 저자는 찾아볼 수 없고 정체불명의 스토리로 주인공의 뒤통수를 치는 경우가 많다. 그제야 수습해보려고 하지만 손쓸 새도 없이 독자들은 이미 마지막 장까지 다 읽어버린 후다.

우리 주변에는 자신과 상관이 없는데도 다른 사람의 언행에 관심이 많아 자기만의 기준대로 해석하고 이를 속닥속닥 전하는 사람들이 있다. 그들은 이야기 속 주인공이 받을 상처 따위에는 전혀 관심 없다. 단지 정보에 민감한 타인에게 선제 입수한 지식을 전하는 기쁨을 만끽하고자 열심히 전파한다.

사람은 큰 목소리보다 작은 목소리에 민감하다. 간혹 듣지 않아야 할 거짓된 증언까지 들은 배심원들이 이미 흡수한 말을 기억에서 지우기가 어려운 것처럼 좋지 않은 말은 사람의 뇌에 오래도록 자리하게 된다. 그러므로 귓속말은 경청하지 않아야 한다.

이제 귓속말은 하지 말자. 꼭 해야 할 말은 자신 있게 하고 하지 말아야 할 말은 하지도, 듣지도 말아야 한다. 정말 필요한 대화라면 충분히 생각하고 적절한 시간이 지난 후에 하는 것이 매너 있는 행동일 것이다. 귓속말을 자주 하는 사람의 이미지는 눈빛도, 입모양도 예쁘지 않다. 어느새 부정적으로 변해간다는 것을 기억하자. 한 가지 더! 속삭이는 말은 성대를 조이기 때문에 목소리도 탁해진다.

Chapter 2

아나운서도
실수하기 쉬운 우리말

독일 속담에 "옷감은 염색에서, 술은 냄새에서, 꽃은 향기에서, 사람은 말투에서 그 됨됨이를 알 수 있다"는 말이 있다. 다음을 읽어보고 느낀 점을 이야기해보자.

"부장님, 그 말 다 뻥이죠?"
"나는 귤보다 낑깡이 맛있어요."
"우리 팀장님은 무대뽀 스타일이라 멋져요."
"어머나, 네 가방에 기스 났구나!"
"이빨이 빠졌는데 어떻게 하죠?"
"당신 때문에 쪽팔려서 회사 못 다니겠어요."
"차장님, 이거 짜가 아닌가요?"
"우리 기분도 짱인데 한 커피 하고 가자."
"오늘 정말 재수 없는 날이에요."

아무리 좋은 이미지의 소유자일지라도 이런 말을 한다면 그동안의 이미지와는 달라 보이기 마련이다. 아나운서는 방송에서 감히 쓸 수 없는 말이다. 선배에게 일상 언어는 버리고 방송 언어를 접하면 드디어 방송인으로 등극한 것이라는 말을 들었던 기억이 난다. 그 선배는 아나운서라면 순화된 방송 언어를 써야 한다며 기존의 틀을 버리고 새롭게 시작해야 한다고 강조했다.

방송 언어는 첫째, 어휘 선택이 적절해야 한다. 말을 잘 전달하려면 그 의도를 가장 잘 나타내는 어휘를 선택하는 것은 물론 문어체와 구어체의 어휘를 알맞게 사용해야 한다.

둘째, 쉬운 말을 써야 한다. 어려운 한자어나 외래어보다는 쉬운 우리말로 풀어서 사용한다. 또한 문어체보다 구어체로 말하는 것이 듣기에도, 말하기에도 편하다. 예를 들어 '주시(注視)하다' 라는 말보다는 '지켜보다' 라고 표현하고, '상충(上衝)하다' 보다 '엇갈리다' 라는 말을 쓰는 것이 좋다.

셋째, 순화된 말을 사용해야 한다. 방송 언어로는 바르고 고운 말을 사용해야 하며 듣는 사람으로 하여금 자극이 되는 표현은 피해야 한다. 특히 개인적인 아픔을 빗대어 유머로 사용해서는 안 되며 장애인의 신체를 빗대어 말해서도 안 된다. 예를 들어 "그는 벙어리였습니다"라는 문장은 "그는 청각 장애로 말을 할 수 없습니다"로 바꿔 말해야 하고, "눈이 사팔뜨기더군요" 대신 "눈이 약간 사시더군요"라고 표현해야 한다. 이외에도 귀머거리, 언청이, 병신, 정신병자, 난쟁이, 앉은뱅이, 절름발이 등 신체적 장애가 있는 사람들을 이르는 속된 표현의 단어는 피해야 한다.

한번은 '아토피 논란, 제과업계 벙어리 냉가슴' 이라는 신문기사 제목을 본 적이 있다. 답답한 사정이 있어도 남에게 말하지 못하고 혼자 애태우는 경우를 이르는 말을 함축하기 위해 '벙어리 냉가슴' 이란 표현을 썼지만 그로 인해 상처를 받는 사람들이 있다는 것을 잊어서는 안 된다. '장님 코끼리 만지기', '눈 뜬 장님', '귀머거리 삼

년, 벙어리 삼 년'이라는 표현 또한 사용을 자제해야 한다. 그러고 보면 우리가 말의 파장은 생각지 않고 무심코 쓰는 말들이 얼마나 많은지 새삼 알 수 있다.

넷째, 긍정적인 말과 친해야 한다. 우리나라 말에는 인간의 감정에 미치는 단어가 약 4천여 개 있는데 그중에 3분의 2가 부정적인 말이라고 한다. "너무 떨려 죽겠습니다. 못하면 어쩌죠? 비웃겠지요?", "에이, 지겨워요. 보기도 싫은 사람이랑 말하기 싫단 말예요!", "요즘 슬프고 우울해요. 저 혼자 외톨이 같아요" 등의 부정적인 말을 습관적으로 쓰다 보면 자신의 능력이나 사람과의 관계에 악영향을 미친다. 말은 전염성이 강하다. 살아 있기 때문이다.

철학자 비트겐슈타인은 "내 언어의 한계가 내 세계의 한계"라고 정의했다. 언어의 질이 좋아질수록 더 높은 수준의 세계를 경험한다는 뜻이다. 순화된 언어로 말하는 자신을 상상해보며 이제 그 상상을 현실로 만들어보자.

잘못된 말 습관

'~같아요'로 오염된 말투의 속셈을 알자

"너는 귀엽고 매력 있어"라고 하는 것과 "너는 귀엽고 매력 있는 것 같아"라고 하는 것의 차이점은 무엇일까? '~같아요'라는 표현은 자신의 말에 자신 없다는 의미로 전달된다. "배 아픈 것 같아요"라고 하면 배가 아픈 건지 아프지 않은 건지 확실하지 않다는 애매모호한 표현이다. 말은 뭘 표현하고자 하는지 명확해야 한다. 안개 속의 풍경처럼 뿌연 그림은 보기에도 불분명하고 답답할 따름이다.

"오늘 상을 받으니 너무 좋은 것 같아요."
지난 연말시상식에서 어느 수상자의 소감이다.

"여러분이 환영해주니 제가 너무 행복한 것 같아요."
강사소개를 받은 다음 연단에 선 초청강사의 말이다.

"오늘 일을 많이 했더니 갑자기 배고픈 것 같아요."
봉사활동을 마친 어느 학생의 이야기이다.

이처럼 요즘에는 아이 어른 가리지 않고 말끝에 '~같아요'라는 말을 많이 쓴다. 면접에 합격한 소식을 듣고도 "좋은 것 같아요"라고 대답하는 학생은 정말로 좋은 것인지, 아닌지 고개를 갸우뚱하게 한다. 좋은 것 같고, 행복한 것 같고, 배고픈 것 같다는 상태는 도대체 어떻다는 의미일까?

'같다'는 말은 '서로 다르지 않다', '전과 달라짐이 없다'는 것을 나타낸다. 이와 달리 "신입사원과 친한 사이가 될 것 같아요"처럼 추측이나 짐작을 말하거나, 생각과 느낌을 빙 돌려서 나타내는 데 쓰기도 한다. 직접적인 표현을 피하고 부드럽게 돌려서 말하는 표현법의 하나다.

그런데 '~같아요'라는 표현을 남용하다 보면 말이 되지 않거나, 주관이 없는 표현이 되기도 한다. 특히 변명이나 책임 회피 따위의 뉘앙스가 있어, 그런 말을 쓰는 사람의 인격이나 성품이 낮게 보일 수 있다. 어쩌면 애매모호함 뒤에 숨어서 상황을 모면하려는 듯한 태도로 보여 비겁하게 느껴질 수도 있고 당당하지 못한 사람으로 취급될 수도 있는 것이다.

그럼에도 왜 자주 쓰냐는 질문에 한 남성은 "그냥 겸손해 보이고 싶어서 쓰는 것 같아요"라고 답했다. 그러나 자신의 생각이나 직접 겪은 느낌을 말할 때엔 '~것 같다'라고 말할 이유가 없다. 겸손의 의미가 아니다. 분명한 자신의 생각을 전달하면 되는 것이다. '~같아요' 처럼 흐릿하고 우유부단한 표현은 이제 지양해야 한다.

저희 나라 영화배우

방송국 스태프들이 가장 무서워하는 단어 1위가 아마도 '저희 나라'일 것이다. 어떤 교수와 함께 진행하던 프로그램에서의 일이다.

출연자 저희 나라는 사람들의 성격이 아주 급합니다.
진행자 네, 우리나라 사람들의 특징이라고 볼 수 있죠.
출연자 그렇습니다. 저희 나라는 빨리빨리 일을 해결하는…….
진행자 (중간에 말을 급히 끊으며) 교수님! 저희 나라라고 하시면 안 되죠! 앞으로 우리나라라고 표현해주세요.

웃음으로 마무리했지만 방송 중에 나는 그의 허벅지를 사정없이 꼬집어 주었다. 물론 마음속으로만 한 행위였다. 스튜디오 밖에서는 저희 나라라는 표현을 쓴 출연자를 못마땅하게 여긴 피디와 작가가 온갖 인상을 쓰고 나에게 고쳐달라는 사인을 보냈다. 그렇게 하지 않으면 다음 날 방송모니터에 지적 대상으로 올라오기 때문이다. 은근슬쩍 자연스럽게 수정하려고 했지만 그 교수는 여전히 인식을 하지 못했다. 인터뷰 중간에 음악 한 곡을 틀면서 그 틈을 이용해 수습할 수밖에 없었다.

우리나라를 '저희 나라'라고 표현하는 사람을 적잖이 본다. 유명 영화배우가 방송에서 '저희 나라'라는 표현을 써 누리꾼의 몰매를 맞은 적도 있다. '저희'는 '우리'를 낮추는 말이다. 상대방에게 우리를 낮추어 말할 때만 저희를 쓴다.

예를 들면, 같은 고등학생끼리 자기 학교를 얘기할 때 우리 학교라고 하지만 윗사람에게 말할 때에는 상황에 따라서 저희 학교라고 할 수도 있다. 이때도 겸양의 처지가 아니면 그냥 우리 학교라고 하는 것이 무난하다. 집에 왔더니 엄마가 보이지 않아 동생이 오빠에게 "오빠, 저희 엄마 어디 가셨어요?"라고 했다면 이 또한 잘못된 표현이다. "우리 엄마 어디 가셨냐"고 물어야 한다.

마찬가지로 우리나라 국민끼리 우리나라 대한민국을 말하면서 '저희 나라'라고 말하는 것은 있을 수 없다. 국제사회에서 한 국가는 서로 동등한 지위를 가져야 하기 때문에 다른 나라 사람들에게도 '저희 나라'라고 할 이유가 없다는 것이다. 언제나 우리나라라고 하는 것이 옳다.

그렇다면 왜 이렇게 사람들이 '저희 나라'라는 표현을 많이 쓸까? 그것은 저희라는 단어를 쓰면 상대방이 높아지고 또 상대를 너무 존중한 나머지 모든 단어에 무의식적인 존칭 표현을 쓰는 탓이라고 여겨진다.

말 한마디에 그 사람의 품격과 능력이 오해를 받을 수도 있다. 이제 저희 나라가 아닌 고유명사 우리나라라고 당당히 말하자. 나도 모르게 나올 수도 있다. 이럴 때를 대비해 충분한 훈련이 필요하다. 자, 우리나라, 우리나라, 열 번만 외쳐보자. 그렇게 하면 저희 나라는 금세 사라질 것이다.

열심히 하도록 하겠습니다?

대학 신입생 시절 도서관 앞에서는 늘 집회가 열리고 있었다. 머리에 띠를 질끈 동여매고 각도 있는 팔의 움직임과 우렁찬 구호 소리에 학생들은 지나가면서도 잠시 시선을 고정시키곤 했다.

"자, 학우여러분! 이제는 총학생회장님의 말씀을 들어보도록 하겠습니다. 뜨거운 박수를 보내드리도록 하겠습니다."

총학생회장이 마이크에 대고 입을 열었다.

"여러분 반갑습니다. 먼저 인사드리도록 하겠습니다."

'~도록 하겠습니다'와 같은 말투를 습관적으로 쓰고 있다는 사실을 바로 알 수 있었다. 당시에는 신입생이어선지 그런 어투가 더욱 이색적으로 느껴졌다. 그러나 20년이 지난 지금 각종 모임은 물론이고 방송에서조차 그런 말투를 쉽게 듣는다.

"오늘 출현해주신 박사님의 설명을 들어보도록 하겠습니다."
"전화 상담을 받기 전에 음악 한 곡 듣도록 하겠습니다."
"여기 나온 시민들과 이야기 한번 나눠보도록 하겠습니다."

'~하도록 하겠다'는 의미는 내가 그렇게 할 수 있게 시키겠다는 뜻이다. 예를 들어 "나는 동생을 그곳에 있도록 하겠습니다"라는 표현은 동생이 그곳에 있도록 내가 시키겠다는 의미다. 그렇다면 앞의 예시를 다시 풀어보자. "박사님의 설명을 들어보도록 하겠다"는 말은 참석자들로 하여금 박사님의 말씀을 듣게끔 시키겠다는 이상한 의미가 되어버린다. 말하는 사람이 그런 의도가 아닐 테지만 결과는 본뜻이 퇴색되어버린 나머지 엉뚱한 의미가 되는 것이다. 그런데도 지금 우리는 이런 투의 말을 아무렇지도 않게 쓰고, 또 듣고 있다. 앞에서 말한 문장은 다음과 같이 고쳐서 말해야 한다.

"오늘 출연해주신 박사님의 설명을 듣겠습니다."
"전화 상담을 받기 전에 음악 한 곡 듣겠습니다."
"여기 나온 시민들과 이야기를 나누겠습니다."

말은 간결하게 하는 것이 좋다. 어느 행사장에 갔다가 자꾸만 말 끝을 '~하도록 하겠습니다'라고 해서 노이로제에 걸릴 만큼 자극을 주는 사회자에게 그 표현을 자주 쓰는 이유가 무엇인지 당돌하게 물었더니 그는 이렇게 대답했다.

"왠지 격식이 있는 것 같고, 일단 저는 마이크를 잡으면 되도록 더 길게 말하고 싶어요. 군대에서 많이 썼던 표현이라 습관이 된 것 같기도 합니다."

정체불명의 표현에 대한 설명을 차분하게 해주었더니, 그는 안심하라는 표정으로 이렇게 답했다.

"다음부터는 절대로 안 쓰도록 하겠습니다."

'아휴, 내가 졌다.'

생각하고 써야 하는 '너무'와 '굉장히'

"올해 제가 후보에 오른 것만으로도 너무 고마웠는데 상까지 주시니 너무 고맙고 특히 많은 사랑 주신 시청자 여러분께 너무너무 감사드립니다. 너무 행복해요."

지난 연말 어느 시상식 때 한 연예인 수상자의 수상소감을 밝힌 내용이다. 다른 수상자들의 소감도 이와 크게 다르지 않았다. 여기에서 유심히 살펴보자. 한 문장에 '너무'라는 단어가 무려 네 번이나 나온다. 언제부터인지 알 수 없지만 사람들의 입에서 '너무'라는 부사가 그야말로 너무 범람하고 있다.

'너무'는 원래 한계나 정도에 지나치거나 '분에 넘게', '과도하게'란 뜻으로 "너무 춥다", "너무 많이 먹었다", "문제가 너무 어렵다"는 표현처럼 부정적인 내용과 함께 쓰인다. 그러나 2015년 국립국어원 ≪표준국어대사전≫이 '한계를 훨씬 넘어선 상태로'라고 그 뜻을 수정하면서 긍정적인 말도 쓸수 있도록 했다. 나는 여전히 다양한 부사를 쓰도록 권유한다.

너무 대신에 '매우', '아주', '정말' 등으로 쓸 수 있다. 내가 쓰는 언어는 나의 문화이기도 하다. 내가 그 단어를 고집하는 것은 이유가 있다. 무심코 쓰는 단어에도 그가 속한 상황이나 문화가 있기 때문이다. 자신이 쓰는 단어에 대해 고민해보고 과연 제대로 사용하고 있는지 성찰할 필요가 있다.

'너무' 못지않게 자주 쓰는 단어는 '굉장히'란 부사다. '굉장히'라는 말은 어마어마하게 넓고 큼을 뜻하는 '굉(宏)'과 훌륭함을 뜻하는 '장(壯)'이 합쳐진 형용사이다. 주로 눈에 보이는 물체나 건물, 바위처럼 아수 크고 웅장한 것을 나타낼 때 쓴다. "피라미드는 굉장했다", "건물이 굉장히 크다"와 같이 쓰는 것이다. 그러므로 "얼굴이 굉장히 예쁘다", "굉장히 착하다", "굉장히 슬프다" 등과 같은 말은 맞지 않다.

도대체 사람들이 '굉장히'나 '너무'를 자주 쓰는 이유는 무엇일까? 실제 있는 그대로 말하면 상대가 예사로 취급하는 일이 많아서 실제보다 과장하여 예삿일이 아니라는 걸 전달하려는 지나친 심리에서 비롯된 것이 아닐까? 이제 '굉장히'라는 말도 그만 쓰자. 아무데나 쓰는 탓에 우리말의 품위가 자꾸 떨어지고 있다.

다음에 오는 말을 자주 쓴다면 올바른 표현으로 바꿔 쓰도록 노력하자.

"굉장히 쉽네요." → "아주 쉽네요."
"굉장히 예쁘시네요." → "무척 예쁘시네요", "참 예쁘시네요."
"굉장히 부끄러워." → "아주 부끄러워."
"굉장히 궁금하거든요." → "몹시 궁금하거든요."
"굉장히 깨끗해요." → "참 깨끗해요."

말하기 교육은 스포츠 관람과 같다. 말하기 관련 책을 읽고 교육을 받아도 말이 늘지 않는 것은 월드컵 경기를 아무리 열정적으로 관람해도 자신의 축구 실력이 늘지 않는 것과 같다. '굉장히'라는 단어를 빼고 직접 다른 말을 대체해서 자꾸 해보아야 한다. 구경만 하면 실력은 늘지 않는다.

'여러분'이 맞습니다

"여러분들, 안녕하세요? 여러분들과 만나서 굉장히 기쁩니다."
　어디에서나 쉽게 들을 수 있는 말이다. 특히 TV 오락 프로그램에 출연하는 연예인들뿐 아니라 전문 방송인이나 교수도 이러한 표현을 하는 경우가 더러 있다.
　우선 '굉장히'라는 표현이 잘못되었다는 사실은 앞서 설명했다. 이제 여러분들의 '들' 자를 유심히 보자. '들'은 복수의 뜻을 나타내는 접미사이지만 '여러분'은 그 자체에 복수의 뜻이 있으므로 복수를 뜻하는 '들'을 붙이지 않는 것이 바람직하다. '15명 이하는 여러분이고, 그보다 많으면 여러분들이다' 등의 어떤 수치로 구분되는 것이 아니기 때문이다. 그밖에 '군중', '무리'처럼 그 자체에 복수의 의미가 있는 낱말 역시 복수접미사 '들'을 붙이지 않는다. 그럼 앞에 나온 문장을 바르게 고쳐보자.
　"여러분, 안녕하세요? 여러분과 만나서 정말 기쁩니다."

반밖에 없는 팔이 보기 좋다?

　어떤 사람들은 한겨울에도 멋진 옷차림을 위해 추위쯤은 거뜬히 이겨낼 수 있는 초능력이 생기나 보다. 식당에서 우연히 옆 테이블에

앉은 두 젊은 여성의 말을 듣게 되었다.

"아, 추워라. 너무 춥다."

"네가 반팔 입으니까 춥지. 따뜻하게 좀 입고 다녀라."

"그래도 반팔 입으면 예쁘잖아. 건강미 넘쳐 보이고."

순간 나는 반팔이라는 단어에 직업병 증상이 나온다.

'반팔이라고? 팔이 반밖에 없어? (옆 사람을 살짝 보고 나서) 아니잖아. 반팔이 아닌데?'

행여 초면에 지적해주기라도 할까봐 나의 무의식을 단속할 수밖에……. '반팔 입으니 예쁘다'는 것은 말한 사람들의 의도와는 다르게 '팔이 반밖에 없는 것이 보기 좋다'는 뜻이 된다. 반팔이 아니라 '반소매'로 바꿔서 말해야 한다. 그리고 손목까지 내려오는 긴 옷 역시 '긴팔'이 아니라 '긴소매'라고 해야 맞다.

기라성 같은 사람들이 뗑깡 부리네요

"오늘 우리 회사에 기라성 같은 분들이 방문을 하십니다. 여러분은 바짝 긴장을 해주십시오."

부장님의 말씀이 영 거슬린다. '기라성'은 일본말이다. 기라성에서 '기라'는 일본어로 반짝인다는 뜻이고 '성'은 별이다. 그래서 흔히 밤하늘에 반짝반짝 빛나는 뭇별, 또는 위세 있는 사람이나 그런 사람들이 많이 모여 있는 모양을 비유할 때 쓴다. 이는 일본식 조어이며, 버려야 할 말이다. '기라성 같은 선수들', '기라성처럼 빛나는 배우들'의 형태로 쓰고 있는데 아무 생각 없이 빌려 썼으니 이제는 쓰지 말아야 한다. 대신에 '뛰어난', '두드러진' 같은 우리말로 사용하자.

육아교육 상담 프로그램에서 어느 주부가 상담을 하는데 다음과 같은 표현을 썼다.
"아이가 자꾸 뗑깡을 부려서 골치거든요."
뗑깡 역시 일본말이다. 말의 뜻을 알면 섬뜩하다. 뗑깡이란, 간질병이나 지랄병을 뜻하는 무시무시한 말이다. 아이가 장난감을 사달라고 가게 앞에서 울며불며 떼쓰는 모습이 간질병의 증상과 비슷해서 이렇게 표현하게 됐을까? 우리는 행패를 부리거나 억지 쓰는 것을 표현할 때 이 단어를 쓰고 있다. 이제 뜻을 알았으니 '뗑깡'이라는 말은 쓰지 말자. 순간 입 밖으로 나오려고 할 때 본뜻을 생각한다면 바로 그치게 될 것이다. 그 의미를 굳이 쓴다면 무엇으로 바꿔야 할까? "아이가 자꾸 생떼를 써서 골치거든요" 혹은 "아이가 자꾸 억지를 부려서······"라고 하면 되겠다. 이외에도 흔히 쓰이는 일본어를 웬만하면 우리말로 사용하는 습관을 들이자.

우리가 쓰는 일상용어 속에는 아직도 적지 않은 일본말이 똬리를 틀고 있다. 그동안 국어 교육을 통하여 언어 순화 운동이 펼쳐졌으나 언어라는 것은 한번 습관이 되면 좀처럼 바뀌지 않는다는 것을 알게 되었다. 이미 습관이 되었더라도 잘못된 것은 바른 습관을 만들어 고쳐야 한다.

● 일본어의 바른 표현

- 기스 → 흠, 흠집
- 무대뽀 → 막무가내
- 만땅, 이빠이 → 가득
- 도마도 → 토마토
- 밤바 → 범퍼
- 와사비 → 고추냉이
- 곤색 → 감색, 진남색
- 소데나시 → 민소매
- 우동 → 가락국수
- 낑깡 → 금귤
- 대구지리 → 대구맑은국
- 앙꼬 → 팥
- 테레비 → 텔레비전
- 고수부지 → 둔치

꽃을 제대로 불러주세요

　라디오 프로그램을 15년 동안 진행했던 나는 라디오가 나의 친구이자 일상이며 말에 대한 연구대상이기도 하다. 가끔은 진행자와 초대 손님의 대화를 엿듣는 기분도 들어 참 재미있다. 때론 자지러지게 웃게도 하고, 눈물이 핑 돌게도 하며, 마음을 평온하게도 하는 신기한 매체임에는 틀림없다. 오늘도 어김없이 차 안에서 라디오를 틀었다. 진행자가 초대 손님과 대화를 나누는 것을 듣고 또 감각기관이 발동한다.
　"오늘 꼬시라도 가져와야 했는데 그냥 왔네요."
　꼬시라도? 아마 '꽃이라도'를 '꼬시라도'라고 발음한 것일 게다. 제대로 된 발음은 '꼬치라도'라고 해야 한다. 이외에도 비슷하게 틀리는 발음들이 많다. 예를 들어 '젖이'는 [저시]가 아니라 [저지]라고 발음해야 하고, '빛이'는 [비시]가 아니라 [비치]라고 해야 하며, '숯이'는 [수시]가 아니고 [수치]라고 발음한다.
　표준에 어긋나는 발음을 아무런 생각 없이 그저 편하게 발음해서는 안 된다. 특히 방송에서 그런 발음을 하는 것은 아주 큰 실수인데 그것을 자각하는 이가 많지 않다는 점이 안타깝다. 음악 프로그램을 진행하던 시절 팝 가수와 노래 제목을 소개하면서 발음을 조금이라도 이상하게 소개하면, 큰 실수를 한 것처럼 놀란 표정을 지으면서 잘못을 지적하는 진행자가 있었다. 그는 팝 DJ답게 아주 자연스러운 영어 발음을 자랑하는 이다. 그런데 정작 그의 방송을 들어보면 우리나라 말의 표준발음이 제대로 잘 지켜지지 않았고 사투리 억양까지 섞어가며 진행하고 있었다. 물론 영어 발음을 제대로 하는 것은 아주 중요하다. 그러나 우리말의 바른 표준발음을 하는 것도 간과해서는 안 된다.

"오늘 김영순 님께 꽃다발을 선물로 보내드리도록 하겠습니다. 꽃의([꼬세]라고 발음) 향기가 기분을 좋게 만들었으면 합니다."

앞의 말 중 틀린 두 군데를 찾아서 고쳐보자. 우선 '보내드리도록 하겠습니다'는 '보내드리겠습니다'로 바꿔 말해야 하고, 꽃의 향기의 발음은 [꼬세]가 아니라 [꼬체]로 발음해야 한다. 이외에도 자주 틀리게 발음하는 단어를 살펴보자.

● 틀리게 발음하기 쉬운 말

- 옷 한 벌 : [온 한 벌] (×), [오 탄 벌] (O)
- 낮 한때 : [난 한때] (×), [나 탄때] (O)
- 꽃 한 송이 : [꼬 단 송이] (×), [꼬 탄 송이] (O)
- 옷감 : [옥깜] (×), [옫깜] (O)
- 있고 : [익꼬] (×), [읻꼬] (O)

- 넓게 : [넙께] (×), [널께] (○)
- 짧게 : [짭께] (×), [짤께] (○)
- 떫지 : [떱찌] (×), [떨찌] (○)

자꾸 된소리를 내면 성격도 거칠어진다

아나운서 출신의 모 국회의원은 고추축제에 초청 인사 자격으로 참석했다가 인사를 하는 자리에서 "아나운서 직업병이 있는지, 바로 잡아야겠습니다. '꼬추축제' 가 아니고 '고추축제' 입니다. 제 6개월 된 아들이 가진 게 꼬추입니다"라고 말해 웃음을 자아낸 적이 있다.

언어학자들은 우리가 자꾸 된소리를 내고 거센소리로 말하면 성격도 거칠어진다고 한다. 평소에 말하는 언어 습관으로 인해 우리의 성격은 적잖은 영향을 받는다.

욕을 살펴보면 예사소리보다 된소리나 거센소리가 많이 들어간다. 그로 인해 욕을 많이 하는 사람은 성격이 급하고 말투도 거세며, 말을 차분하게 한다고 해도 그렇게 들리지 않는다. 될 수 있으면 부드러운 말을 쓰고 된소리를 내지 않는 것이 좋다. 평상시에 과연 얼마나 많은 된소리를 쓰고 있는지 알아보자.

● 된소리로 발음하기 쉬운 말

- 소주 : [쏘주] (×), [쒀주] (×)
- 세련 : [쎄련] (×)
- 강냉이 : [깡냉이] (×)
- 세다 : [쎄다] (×)
- 잘렸다 : [짤렸다] (×)
- 동그라미 : [똥그라미] (×)
- 공짜 : [꽁짜] (×)
- 숙맥 : [쑥맥] (×)

● 된소리로 발음하기 쉬운 외래어

- 가스 : [까스] (×)
- 버스 : [뻐스] (×)
- 게임 : [께임] (×)
- 박스 : [빡스] (×)
- 달러 : [딸러] (×)
- 재즈 : [째즈] (×)

어느 국회의원은 연설 중에 이렇게 말했다.
"개인정보의 불법[불뻡]유출 합동대책이 나왔습니다. 불법[불뻡]

행위가 만연하는 시대에 부처님의 불법[불법]으로 온 세상이……."

앞의 문장 중에 '불법'의 발음을 살펴보자. 먼저 앞에 나온 불법(不法)은 일반적으로 전체 법질서의 관점에서 법규범에 위반하는 것을 말하는 것으로 [불뻡]이 아닌 [불법]으로 발음해야 한다. 반면에 뒤에 나온 부처님의 불법(佛法)은 부처가 말한 가르침으로 [불뻡]이라고 해야 옳다. 국회의원의 된소리 발음을 들으면서 참 안타까웠다.

그런데 뉴스를 진행하는 앵커도, 기자도 '불법'을 [불뻡]이라고 발음하는 현실에서 어느 누구 제대로 발음하는 사람을 만나기란 쉬운 일이 아니다. '불법 주정차'의 불법도 [불뻡]이 아니고 [불법]이라고 해야 함을 기억하자.

우리말은 마치 공기와 같아 그 가치나 소중함을 잊을 때가 많다. 말을 제대로 발음하면 우리말은 훨씬 아름답다. 한글날에만 세종대왕의 위대한 업적을 기릴 게 아니라 평상시에도 우리말을 제대로 배우는 소리가 여기저기서 울려 퍼졌으면 하는 바람이다.

극존칭을 제대로 쓰는 방법

행사 프로그램에서 사회자가 식순 소개를 하며 "다음은 본부장님 말씀이 계시겠습니다"라고 하는 것을 가끔 볼 수 있다. 본부장님을 높이려는 의욕이 앞서다 보니 본부장님의 말씀까지 높이고 말았다.

존경의 어휘를 쓰지 않아야 할 자리에 쓰는 것도 잘못이다. 그냥 "본부장님 말씀이 있겠습니다"라고 하면 된다. '말씀'이란 어휘로 '본부장님'을 높이는 것은 성립되었다.

우리말은 다른 어떤 말보다도 경어법이 발달했다. 언어 예절만 잘 지켜도 칭찬을 받게 된다. 그렇다고 그저 높임말을 쓸 뿐이라면 아무 소용이 없다. 태도가 공손하지 못하면 상대방은 불쾌할 수 있다. 불손한 자세나 굳어 있는 무표정은 안 된다. 목소리도 존경의 마음을 담아 더욱 부드럽게 하면 좋다. 다음 예들을 맞게 고쳐 보자.

"선생님, 이거 먹어보세요."
→ "선생님 이것 드셔보세요."
"할아버지께서 신문을 읽으시고 계신다."
→ "할아버지께서 신문을 읽고 계신다."
"회사에 일이 있으시다고 하던데요?"
→ "회사에 일이 있다고 하시던데요?"
"김 대리님이 부장님께 물어봐 달라던데요?"
→ "김 대리가 부장님께 여쭤보라고 하던데요?"

윗사람에게 "식사하세요"란 말은 하지 말아야 한다. "아빠에게 식사하시라고 하렴"이라고 하면 아이는 "아빠, 식사하세요"라고 말할 것이다. 가정에서 어른에게 말할 때는 "진지 잡수세요"라고 해야 한다. 반면에 직장에서 상사에게 흔히 "식사하셨어요?"라고 인사를 하는데, "점심 드셨습니까?"가 바른 표현이다. 직장에서는 진지 대신 아침이나 점심으로 표현하면 된다.

"고객님, 이 화장품은 명품이세요. 들어오는 대로 제가 연락드리겠습니다. 전화번호가 몇 번이세요?"

이 문장도 두 군데가 틀렸다. 먼저 "명품이세요"라고 했는데, 상대와 관련된 사물이 주어가 된 경우에 일부 사물에도 주체 높임법을 사용해서 높일 수 있다. 그러나 상대와 관련된 사물이더라도 인격적으로 관련이 없는 사물에는 주체 높임법을 사용하지 않는다. 따라서 "명품입니다"라고 하면 된다. 그리고 "전화번호가 몇 번이세요?"는 틀린 말이다. "전화번호가 몇 번인가요?"라고 하면 된다.

알쏭달쏭
헷갈리는 맞춤법

'다르다'와 '틀리다'는 다르다

어느 아나운서가 방송에서 "내년에는 올해와는 틀린 새로운 모습을 많이 보여주세요"라고 요구하는데 영 맘에 들지 않았다. 틀린 말을 썼기 때문이다. '틀린'이 아니라, '변화된', '다른', '새로운' 모습이라고 해야 맞다. 우리는 '틀리다'라는 말을 자주 쓰고 있는데 '다르다'와 '틀리다'는 엄격히 다른 말이다. 먼저 '다르다'의 사전적인 의미를 보면 비교가 되는 두 대상이 '서로 같지 않다', '보통의 것보다 두드러진 데가 있다'는 뜻이다. 예를 들면 "감과 사과는 다르다"는 표현은 맞지만 "감과 사과는 틀리다"라고 하는 것은 틀린 말이다.

그럼 '틀리다'를 사전에서 살펴보자. '셈이나 사실 따위가 그르게 되거나 어긋나다', '바라거나 하려는 일이 순조롭게 되지 못하다'는 뜻이다. 분명히 '다르다'의 잘못이라고 표기되어 있다. 예를 들어 "'삼 더하기 일은 여섯이다'란 명제는 틀린 것이다"라고 하면 맞는 표현이지만 "'삼 더하기 일은 여섯이다'란 명제는 다른 것이다"라고 하는 것은 잘못된 말이다.

'다르다'의 반대말은 '같다'이고, '틀리다'의 반대말은 '옳다'이다. 이러한 경계를 알고 있음에도 불구하고 왜 다를 뿐인 것에 틀렸다는 말을 쓰는 걸까? 사람들은 누군가 나의 의견과 다르다면 그것은 잘못된 것으로 치부하려는 경향이 있다. 그와 내가 다르다는 것을 생각하지 않고 잘못된 것이라고 생각하는 것이 말속에 숨어 있다고 본다. 이제 "네 말은 틀렸고 내 말이 맞아"라고 하기보다는 "너와 나는 생각이 좀 다르구나"라고 표현해야 한다. 두 그림 가운데 서로 다른 곳을 찾는 게임 역시 '틀린 그림 찾기'가 아니라 '다른 그림 찾기'가 맞다.

'이에요'와 '이예요'의 너무나 먼 차이

TV 화면에서 보이는 자막은 어느넛 우리에게 익숙해져 있을 만큼 자주 등장한다. 간혹 소리 없이 들을 상황에서 이 자막의 기능은 제법 도움을 주기도 한다. 그러나 오자를 냉큼 보여주는 것은 옥에 티라 할 만큼 프로그램의 신뢰성에 의심을 갖게 한다. 가끔 잘못된 자막을 보기라도 하면 가슴이 철렁 내려앉는다는 어느 국어선생님의 이야기가 공감이 되는 것은 TV가 아이들도 같이 보는 매체이기 때문일 것이다. 흔히 틀리는 것은 '~이예요'의 쓰임이다. 명사 다음에 어미 '~에요'가 결합할 경우 그 사이에 서술어를 만들어주는 서술격 조사 '-이-'가 결합한다. 예를 들면 다음과 같다.

"칭찬이에요 = 칭찬 + 이 + 에요"
"책가방이에요 = 책가방 + 이 + 에요"

또 받침이 없는 말 다음에서는 '~이에요'가 줄어 '~예요'가 된다. "지우개예요", "여자예요"처럼 말이다. 반면에 받침이 있는 말 다음에서는 줄어들지 못하므로 '~이에요'라고 해야 한다. '~이예요'라는 표현은 옳지 않다.

"책상이에요."(○), "책상이예요."(×)

여기에서 주의할 것이 있다. 받침이 있는 '이름' 뒤에 붙어 어조를 고르는 접미사 '-이-'가 붙을 경우는 다르다. 예를 들어 "소은이 + 이 + 에요 → 소은이이에요 → 소은이예요"처럼 '소은이' 뒤에 서술격 조사의 어간 '-이-'가 붙고, 그 뒤에 어미 '~이에요'가 붙은 "소은이이에요"는 "소은이예요"와 같이 줄어서 쓰인다.

'그러고 나서'와 '그리고 나서'

한번은 강의 중간에 "여러분, 이제 10분 동안 쉬겠습니다. 그러고 나서 강의를 계속하겠습니다"라고 말했다. 그러자 아나운서도 사투리를 쓰냐며 질문을 하는 학생이 있었다. '그러고 나서'를 '그리고 나서'로 써야 맞는 것이라고 생각한 모양이다. 이 학생처럼 '그러고 나서'를 사투리로 아는 사람이 의외로 많다. 다음 예문을 한번 살펴보자.

"학생은 꾸중을 많이 들었다. <u>그리고 나서</u> 교실을 나갔다."

이 예문의 '그리고 나서'라는 표현은 잘못되었다. '그리하고 나서'가 줄어서 된 '그러고 나서'로 표현해야 한다. '~고 나서'에는 앞말이 뜻하는 행동이 끝났음을 나타내는 보조 용언의 의미가 살아 있으며, 일반적으로 보조 용언 앞에는 동사가 오는 것이 일반적이므로 '그러고 나서'만이 인정되어야 한다.

'그림을 그리고 나서'라는 표현은 맞다. 그러나 '그리다'의 의미는 '그리하고'와는 뜻이 전혀 나르나. '그리고 나서'라는 말은 우리말에 없으며 틀린 표현이다.

'좋은 날 되세요'는 잘못된 표현

젊은 층을 대상으로 메시지나 이메일 등을 쓸 때 마지막 인사로 가장 좋았던 말을 묻는 조사에서 "늘 행운을 빌어요"가 1위로 뽑혔고, "꼭 한번 만나뵙고 싶어요"와 "좋은 하루 되세요"가 그 다음을 차지했다.

우리는 "좋은 하루 되세요", "행복한 오후 되세요", "멋진 주말 되세요" 등과 같이 '~되세요'라는 표현을 많이 쓰고 있는데 잘 살펴보면 우리말 어법에 맞지 않은 잘못된 표현이다. '되다'라는 말은 동사로서 다음과 같은 뜻을 갖는다.

> ● '되다'의 의미
>
> ❶ 새로운 신분이나 지위를 가지다.
> 예) 큰형은 선생님이 되었다.
> ❷ 다른 것으로 바뀌거나 변하다.
> 예) 아빠는 술을 마시면 야수가 된다.
> ❸ 어떤 때나 시기, 상태에 이르다.
> 예) 할머니는 올해 여든이 되신다.

이처럼 '되다'는 '무엇이 무엇이 되다'와 같은 문장구조를 이룬

다. 따라서 여기 나온 예문을 명령문으로 쓰면 다음과 같이 된다.

"(큰형) 선생님이 되세요."
"(아빠) 술을 마셔 야수가 되세요."
"(할머니) 올해에 여든이 되세요."

명령문에서는 상대방을 직접 대하고 말하기 때문에 주어를 생략하여 말하는 것이 더 자연스럽다. 중요한 것은 주어가 곧 '무엇이 된다'는 것이다. 즉 큰형이 곧 '선생님'이고, 아빠가 '야수'라는 것이다.
그러므로 앞에서 살펴본 "좋은 하루 되세요", "행복한 오후 되세요", "멋진 주말 되세요"라는 문장은 다음과 같이 주어가 생략된 것이다.

"(큰형) 좋은 하루 되세요."
"(아빠) 행복한 오후 되세요."
"(할머니) 멋진 주말 되세요."

정리해보자. 큰형이 곧 '좋은 하루'요, 아빠가 '행복한 오후'가 되는 셈이다. 할머니가 곧 '멋진 주말'이 되라고 명령하시나 제안하는 것은 말이 되지 않는다. 따라서 다음과 같이 바꿔서 말해야 한다.

"좋은 하루 보내세요."

"행복한 오후 보내세요."
"멋진 주말 보내세요."

다음은 우리가 자주 쓰는 말이지만 잘못 쓰고 있는 낱말이다. 오른쪽이 맞는 것이므로 메모지에 세 개 정도 써놓고 자주 연습하다 보면 바꿀 수 있을 것이다. 외래어도 일본식 발음이 아닌 표준 외래어를 쓰도록 하자.

● 잘못 쓰는 말의 바른 표현

- 개발새발 → 괴발개발
- 내노라 → 내로라
- 단촐하다 → 단출하다
- 모밀 → 메밀
- 벼라별 → 별의별
- 부주금 → 부조금
- 삐지다 → 삐치다
- 아구탕 → 아귀탕
- 이쁘다 → 예쁘다
- 절대절명 → 절체절명
- 주구장창 → 주야장천

- 트름 → 트림
- 하마트면 → 하마터면
- 바램 → 바람
- 링겔 → 링거
- 메세지 → 메시지
- 빳데리 → 배터리
- 스티로폴 → 스티로폼
- 플랑카드 → 플래카드
- 소세지 → 소시지
- 센타 → 센터
- 쥬스 → 주스

Talk Talk ## 시간대 바르게 읽기

"오전 1시부터 오후 7시까지 축제가 펼쳐지겠습니다"라는 말이 틀린 표현은 아니다. 하지만 매끄럽지도 않다. 시간대를 표현하는 어휘는 오전과 오후로 나눌 수 있겠지만 우리말에는 그보다 많은 시간 표현이 있다. '오전 1시'라고 하기보다는 '새벽 1시', '오후 7시'라고 하기보다는 '저녁 7시'라고 바꿔 말하는 것이 좋다.

❶ 자정 : 자정(子正)은 깊은 밤이나 밤 열두 시쯤 되는 때를 말한다. 보통, 하루가 끝나고 다음 하루가 시작되는 때, 곧 날짜가 바뀌는 때를 말한다. 이의 반대말은 정오이다.

❷ 새벽 : 먼동이 트려고 할 무렵으로 1시에서 5시대에 쓸 수 있다.
예) 새벽 3시

❸ 아침 : 해가 뜨는 시각으로 6시에서 8시대까지를 말한다.
예) 아침 7시

❹ 오전 : 9시부터 12시 전을 가리킬 때 쓰인다.
예) 오전 10시 30분 모임

❺ 정오 : 자정의 반대말로 12시를 가리킨다.

❻ 한낮(낮) : 12시 이후부터 14시 전을 가리킨다.
예) 낮 1시 10분

❼ 오후 : 14시부터 18시 전을 가리킬 때 쓰면 좋다.

❽ 저녁 : 18시부터 20시 전을 나타낸다.

❾ 밤 : 20시 이후부터 24시 전을 가리킨다.
예) 밤 9시

Chapter 3

아나운서처럼
말하기

나는 사람의 목소리에 민감하다. 들어도 그냥 듣지 않게 된다. 목소리만 들어도 그가 마른 사람인지 건장한 체격인지 날카로운 성격을 지녔는지 성격과 체형도 알 수 있다. 그만큼 목소리는 우리 몸의 피부와 마찬가지로 자신을 표현해주는 메신저인 것이다.

나는 중저음의 부드럽고 발음이 정확한 목소리를 좋아한다. 톤이 너무 낮은 목소리는 듣기에 부담스럽지만 그렇다고 너무 높은 톤의 목소리도 마찬가지이다. 홈쇼핑 채널의 쇼핑 호스트의 목소리는 발랄하고 흥겹기는 하지만 계속되는 높은 톤을 듣게 되면 쉽게 질릴 수 있다. 오히려 차분하게 중저음으로 전달하는 목소리는 안정되어 신뢰를 준다. 게다가 정확한 발음과 표준어 억양으로 말하는 목소리는 마치 멜로디처럼 듣기도 편해서 그런 음성으로 말하는 사람의 얼굴은 다시 한 번 쳐다보게 된다.

보통 뉴스를 진행하는 아나운서는 신뢰감을 주기 위해 중저음으로 진행을 한다. 음계로 표현하면 '미'와 '파' 사이다. 그러나 오락 프로그램의 진행을 맡게 되면 '솔'과 '라' 사이에서 발랄하게 목소리를 내려고 한다. 이때 성대에 무리를 주지 않도록 편안한 톤을 유지해야 한다.

말의 높낮이도 중요하다. 가끔 문장에서 어느 단어를 너무 강조한 나머지 음폭의 변화가 심한 사람이 있다. 사투리를 쓰는 인기 개그맨 출신 진행자의 말을 듣다 보면 가끔 깜짝 놀랄 때가 있다. 사투리 억양으로 음폭의 변화가 너무 큰 경우이다. 단조로운 톤으로 지루함을 주는 것도 피해야 하지만 심한 음폭의 변화는 상대의 집중력을 떨어 뜨려 전달력이 낮다. 또 지나치게 애교 섞인 말투나 목에서 나오는 가성으로 말하는 사람은 굳이 설명을 하지 않아도 발성 훈련이 필요한 대상이다.

"제가요, 오늘 회사에 오는데요, 고등학교 동창을 만났거든요, 근데 그 친구가요, 저보고요, 어느 직장에 다니냐고 해서요, 제가 이 회사에 다닌다고 하니까요……."

이처럼 말할 때마다 어절 끝에 '요'를 습관적으로 붙여 쓰는 사람들이 있다. 아이뿐만 아니라 젊은 여성들도 또래의 전유물인 것처럼 유아 말투를 쓰는데 듣기에 참 거북할 때가 있다. 물론 이러한 경우도 발성과 발음 연습을 꾸준히 하다 보면 멋진 목소리를 만들 수 있다.

소파에 앉아 텔레비전의 스포츠 경기를 보는 것으로 건강의 유익을 얻을 수 없는 것처럼 직접 훈련하지 않으면 좋은 목소리를 얻을 수 없다. 말투란 잠깐 쓰고 버리는 것이 아니라 평생 써야 하는 자신의 표출 방식 중 하나이므로 바른 습관이 필요하다. 지금부터 그러한 방법들을 살펴보자.

아나운서의
안정된 목소리

호흡과 발성으로 이렇게 달라지는 목소리

운동이라면 체육복도 부담스러워할 만큼 너무도 싫어했던 나는 중·고등학교 시절 6년 내내 체육 과목에서 '양'을 받았다. 걷기도 싫어했으니 당연히 호흡도 짧고 조금만 계단을 오르면 헉헉거렸다. 아나운서가 된 후에는 다른 사람들과 비교될 만큼 호흡이 짧아 두세 줄 되는 뉴스도 한 호흡으로 읽는 데 무리가 있었고 짧은 호흡으로 인해 의미가 제대로 전달되지 않은 적도 가끔 있었다. 결국 뉴스를 잘 진행하기 위한 나의 선택은 단전호흡을 배우는 것이었다.

단전은 배꼽 아래 한 치쯤 되는 곳을 말한다. 단전호흡을 어렵게 생각하는 사람들이 많은데 자연스럽게 숨을 쉰다고 생각해보자. 스스로 할 수 있는 만큼의 날숨과 들숨을 하면 된다. 윗배는 거의 움직이지 않은 상태에서 단전이 위치한 배꼽 아래의 아랫배만 부풀렸다 꺼뜨렸다 하며 숨을 쉰다. 마치 풍선처럼 아랫배를 부풀려 숨이 들어오게 하고 수축해서 숨이 저절로 내쉬어지도록 하는 것이다.

훈련은 결코 쉽지 않았다. 꾸준하게 한다는 것 자체가 너무 어려운 일이었지만 일단 체득하면 놀랄 만한 기쁨을 맛볼 수 있다. 단전호흡을 하면 첫째, 목소리에 탄력과 윤기가 생긴다. 목소리가 낮으면서도 힘이 있고 높은 음을 내도 거칠어지지 않는다. 둘째, 조급한 성격을 지닌 사람도 여유를 갖게 되고 차분해지며 화를 잘 내지 않게 된다. 특히 자연 속에서 자주 호흡하다 보면 산소량이 늘어나서 두뇌가 발달하고 에너지가 충분히 들어와 몸도 건강하게 된다. 따라서 스피치를 잘하고자 하는 사람에게 단전호흡은 필수라고 할 수 있다. 셋째, 스피치 속도를 잘 조절할 수 있고, 말하는 사이에 청중들의 반응을 보면서 여유 있게 스피치를 할 수 있다. 나 역시 2년 정도 꾸준히 호흡을 연습했더니 이제 긴 문장이 나와도 별 무리 없이 소화할 수 있고 오랫동안 강의를 해도 목이 잘 쉬지 않는다. 단전호흡을 게을리 하지 않고 하루 10분씩이라도 꾸준히 발성연습과 같이하면 많은 도움이 될 것이다.

아나운서나 리포터 등 방송인에게 발성은 건강하고 아름다운 목소리를 위한 필수 조건이다. 표준어도 발성과 호흡이 뒷받침되어야 사용할 수 있다. 특히 발성은 선천적으로 생기는 것이 아니라 피나는 훈련에 의해서 얻어지는 것이므로 날마다 훈련하는 것이 중요하다.

우리 몸을 첼로라고 생각해보자. 성대를 첼로에 비유하면 현에 해당한다. 현을 진동시키는 활의 역할은 우리 몸의 폐에서 나오는 공기이다. 이렇게 만들어진 음은 아주 미약하기 때문에 공명의 도움으로 힘 있는 소리가 만들어진다. 이 훈련이 바로 발성이다.

발성은 호흡에 절대적인 영향을 받는다. 호흡을 잘 활용하면서 발성 연습을 하면 시원한 느낌을 주며 전달력도 높아진다. 역시 발성 연습을 할 때에도 주의할 점이 있다.

첫째, 근육을 잘 풀어주어야 한다. 잠에서 깨어난 후 바로 하면 무리가 된다. 자고 일어났을 때의 목소리가 잠기고 굵어진 이유는 성대가 약간 부풀어 있기 때문이다. 발성 연습을 하기 전에 '음', '마'를 하고 난 후에 시작하자. 한 이비인후과 전문의는 "목소리를 낼 때 많은 근육이 움직이게 됩니다. 이 근육을 풀어줘야 좋은 목소리가 나올 수 있습니다"라고 말한다. 또 어깨에 힘을 빼기 위해 심호흡하는 것도 잊지 말자. 모든 것은 예비 자세가 필요하다.

둘째, 발성 연습을 위해 소리를 질러서는 안 된다. 자신의 성대가 지치지 않게 지구력을 길러주어야 하므로 큰소리로 말하지 않아야 한다. 긴 시간 하게 되면 목이 쉬기도 하고 부을 수도 있다. 자신의 성대 상태와 발성 습관을 고려하지 않은 채 무조건 강하고 굵은 목소리로 발성 연습을 하다 보면 성대 질환이 생길 수 있다고 전문가들은 말한다.

셋째, 입모양에도 주의하자. 입을 최대한 크고 정확하게 벌린다. 얼굴 근육이 당긴다는 느낌을 갖도록 입을 크게 움직여야 한다. 미리 얼굴의 근육을 이완시킬 수 있도록 하고 시작하면 좋다.

넷째, 공명음을 내야 한다. 어느 성악가는 말을 많이 해야 하는 나에게 "공명음으로 강의를 하면 학생들이 좋아할 겁니다. 물론 목도 쉬질 않지요"라고 조언했다. 그 이후 노래 부를 때뿐만 아니라 강의 중에도 공명음을 이용하고자 노력하고 있다. 입을 최대한 벌리고 목에 힘을 푼 상태에서 입 안과 이마를 울리는 듯이 '우' 소리를 내면 후두 근육이 풀어지고 목소리도 좋아진다.

이처럼 발성법을 통해서 체계적으로 꾸준히 연습하면 가늘고 조그마한 성량의 목소리도, 거칠고 투박한 목소리도 맑고 투명하게 바뀔 수 있다.

영국 왕자의 목소리가 멋진 이유

지난 겨울 영국의 윌리엄 왕자가 런던의 템스강 다리 밑에서 종이박스를 깔고 다른 노숙인들과 똑같이 밤을 보냈다는 뉴스가 보도됐다. 노숙인들의 문제를 깊이 이해하고, 사회적인 관심을 환기시키기 위해 노숙 체험을 자처했다고 한다. 한파가 기승을 부리던 당시 기온은 영하 4도였다.

　윌리엄 왕자는 여느 노숙자들과 비슷한 복장으로 다리 밑에 나타났다. 허름한 청바지에 모자 달린 회색 스웨터만을 입고 런던의 뒷골목 딱딱한 콘크리트 바닥에서 잤다. 마약 밀매자나 포주들이 돌아다니면서 걸핏하면 누워 있는 노숙자들을 걷어차는 곳이다.

　영국인들은 윌리엄 왕자에게 찬사를 아끼지 않았다. 왕자가 어떻게 이런 결심을 하게 되었는지 대견스럽고 또 궁금하기만 하다. 윌리엄 왕자가 유난히 자선 활동에 관심이 많은 이유는 어머니인 고 다이애나 왕세자비의 영향일 거라는 분석도 있다.

　지난 1996년 다이애나 왕세자비는 열세 살이던 윌리엄 왕자를 데리고 런던 뒷골목의 노숙자 쉼터를 방문했다고 한다. 왕궁의 편안한 침대에서 화려한 생활만을 했던 그가 느끼는 충격은 상상도 할 수 없을 만큼 컸을 것이다. 윌리엄 왕자는 "가난과 정신질환, 그리고 알코올 의존과 가정 붕괴 등이 사람들을 거리로 내몰고 있습니다. 하룻밤 노숙으로는 매일 밤거리에서 자는 게 어떤 건지 제가 상상하기도 어렵습니다. 이 문제를 더 깊게 이해함으로써 노숙자들을 조금이나마 도울 수 있게 되길 바랍니다"라고 소감을 밝혔다. 이 얼마나 배려 깊고 따뜻한 목소리인가?

　다음에 오는 다섯 가지의 모습을 한 주인공이라면 그에게서 나오는 목소리는 아마도 천사의 소리일 것이다. 영국의 윌리엄 왕자의 목소리가 멋진 이유는 바로 여기에 있다.

❶ 호의와 친절을 보이는 모습
❷ 남을 진심으로 칭찬해주는 모습
❸ 상대방의 입장이 되어 생각하는 모습
❹ 진정으로 다른 사람의 유익에 관심을 갖는 모습
❺ 다른 사람에게 사랑을 보이는 모습

반복해서 자기 목소리 듣기

방송 녹음을 마치거나 사회를 보고 난 후, 사람들은 고생했다는 의미로 내게 이렇게 말한다.

"참 목소리가 좋으시군요."

나는 바로 "고맙습니다"라고 말하고 싶지만 별로 내키지 않는다. 옆에 있는 작가 동생에게 "목소리만 좋았니? 다른 것은 어땠어? 별로?"라고 묻던 나의 한심한 어린 시절을 떠올리면 얼굴이 금세 빨개진다. 내심 매끄럽고 깔끔하게 진행을 잘했다는 평가를 듣고 싶었던 것이다. 게다가 나는 내 목소리가 남들의 의견과는 달리 전혀 좋다고 생각하지 않는다. 누구나 한 번쯤은 녹음기나 다른 매체를 통해 자신의 목소리를 듣고 화들짝 놀란 적이 있을 것이다.

"어머머, 이 목소리 정말 나 맞아요? 아닌데? 아니죠?"

"맞아요. 목소리 그대로인데? 오히려 제 목소리가 이상한데요?"

"아니요. 선생님 목소리는 맞아요. 내가 아니지."

　스피치 강의를 듣는 학생들의 보이스 트레이닝을 하다 보면 서로 자신의 목소리를 거부하며 손사래를 치는데 그 마음을 나도 이해한다. 나 역시 거부하고 싶을 만큼 부자연스럽기만 하다.
　한때 오만했던 순간이 있었다. 내가 뉴스를 대체로 잘한다고 여겼던 시절, 모처럼 차 안에서 정오 뉴스 녹음한 것을 듣는 순간 하마터면 운전대를 놓을 뻔했다. 과연 이것이 나의 목소리인가? 잠시나마 착각했던 것이 너무 부끄러웠다. 목소리에 지나치게 힘이 들어가 딱딱하고 발음도 분명치 않아서 처음에는 늘어난 테이프인가 의심할 정도로 화들짝 놀랐다.
　발음과 발성, 자신의 목소리를 교정하려면 무엇보다 자신의 목소리를 자주 들어봐야 한다. 반복해서 듣다 보면 어떤 부분을 고쳐야 하는지 스스로 느끼게 되고 그것을 깨닫게 되면 교정하는 게 더욱 쉬워진다. 이때 다음과 같은 점에 유의할 필요가 있다.
　첫째, 너무 자주 녹음하지 말자. 녹음을 자주 하게 되면 어제와 오늘의 차이점을 비교하기가 쉽지 않으니 일주일에 한 번 정도로만 녹음하자. 약 3~4개월 동안 체크하다 보면 처음 녹음했던 목소리와 달라진 것을 느낄 수 있을 것이다.
　둘째, 녹음과 녹화를 번갈아 해보자. 녹화는 자신의 말하는 태도와 얼굴 표정, 몸짓을 알 수 있는 좋은 도구이다. 녹화된 자신의 모습을 본다면 따로 설명하지 않아도 고칠 방법이 눈에 보인다. 시선처리는 괜찮은지, 몸짓이 어색하지는 않는지 직접 확인하자.

셋째, 내용에도 소홀하지 않도록 하며 실제 발표하는 것처럼 녹음하는 것이 핵심이다. 간결하면서도 자신의 의사를 정확히 전달하고 있는지 점검한다.

녹음해서 '자기 목소리 듣기'는 목소리를 교정하는 데 있어 아주 좋은 방법이다. 자신의 인식이 중요하기 때문이다.

내 안에 있는 최상의 목소리를 찾아서

스피치 특강을 마치고 나오는 순간, 아나운서를 꿈꾸는 예비 방송인이라고 자신을 소개한 어느 대학생이 똑 부러지는 말투로 질문을 던졌다.

"내 안에 숨은 최상의 목소리를 어떻게 찾을 수 있나요?"

강의실 복도에서 설명하기가 어려워 나는 그 학생과 함께 다시 강의실로 들어가 짧은 대화를 나누었다. 이론적인 설명보다는 내가 몸소 겪은 체험담이 들어간 살아 있는 정보가 필요하다는 것을 감지했다.

"학생은 이미 최상의 목소리를 가졌는데요? 세 가지 조건을 다 갖췄어요. 건강한 몸과 정신, 그리고 무엇보다 자신감이 필요하거든요."

쑥스럽다는 듯 나를 쳐다보는 그 여학생에게 다음과 같이 몇 가지 설명을 덧붙였다.

첫째, 몸이 건강해야 맑고 밝은 건강한 목소리가 나온다. 아픈 사람에게는 매력적인 목소리보다 신음 소리가 들릴 뿐이다.

둘째, 아름다운 마음을 가져야 한다. 우리는 귀여운 아기를 대할 때 나에게 이런 목소리가 있었나 싶을 정도로 다정다감한 목소리를 낸다. 마찬가지로 인간과 자연, 세상을 사랑하는 마음을 갖게 되면 대하는 모든 이가 소중하기 때문에 상냥하고 맑은 소리가 나오는 것이다. 욕심과 질투에 사로잡힌 목소리는 음색이 고울지언정 울리는 메아리는 크지 않을 것이다.

셋째, 자신감은 기적의 도구이다. 자신감 있는 목소리는 언제 들어도 당당해서 듣는 이도 금세 기분이 좋아진다. 목소리는 뇌의 지시를 받고 있어서 밝은 표정을 지으면서 말하면 음색도 밝아진다. 반대로 어두운 표정에서는 어두운 목소리가 나오기 마련이다. 밝고 환하게 웃는 표정으로 말해야 목소리에 생기가 묻어나올 것이다. 여기에 발음까지 정확하면 금상첨화라고 할 수 있겠다. '백설공주'에 나오는 왕비는 세상에서 가장 아름다운 미모와 목소리를 가졌지만 우리는 그녀가 독사과를 파는 마귀할멈의 목소리를 가졌을 것이라고 상상하게 된다.

나는 다른 사람의 말을 들을 때 그 사람의 언어 구사력에 기본적인 관심을 갖지만 말에 담긴 진정한 마음을 보려고 노력한다. 남을 배려하는 마음이나 긍정의 기운이 흐르는지 살펴본다. 여러분에게 좋은 목소리는 무엇인가? 밝고 맑으며 미소와 친절이 배어나는 목소리, 건강하고 힘이 있어 자신감과 확신을 전할 수 있는 목소리에 음의 고·저, 강·약 등의 표현이 자연스러운 목소리를 꼽을 수 있다.

반면에 무기력하거나 퉁명스러우며 거칠고 쉰 듯한 목소리, 단조롭고 어두운 목소리는 듣기에도 불편하다. 그렇다고 너무 걱정하지 말자. 누구나 훈련을 통해 자신 있는 목소리로 바꿀 수 있다. 둔탁하고 부정확한 발음을 보였던 할리우드 스타 아놀드 슈왈츠제네거는 트레이닝을 통해 자기 목소리의 단점을 성공적으로 개선했다. 링컨이나 케네디도 젊은 시절부터 목소리를 위해 끊임없이 노력했던 인물들이다.

나의 수첩 맨 앞장에는 15년째 이 글귀가 적혀 있다.

"항상 생기 있는 목소리로 말하자."

몸은 비록 피곤하더라도 내 입을 떠난 목소리가 생기를 갖고 울려 퍼지도록 디자인하는 것이다. 목소리는 삶을 변화시킨다.

목 관리 노하우

지나치게 애교 섞인 말투는 성대를 손상시킨다

아기 말투를 쓰고 어리광이 유난히 심하며 떼쓰는 데 일인자라고 소문난 현아라는 친구가 있었다. 현아는 자신이 갖고 싶은 것이 있으면 주 무기인 혀 짧은 소리로 친구들에게 응석을 부렸고 아이들은 귀가 따갑기도 하고 귀찮기도 해서 결국 다 주고 말았다. 한번은 소풍 갔다 오는 길에 남산에 들러 남은 과자를 먹으며 고무줄놀이를 하게 되었는데 갑자기 현아가 또 아기로 변신했다.

"현아는 쉬가 마려워. 그런데 무서워서 화장실에 못가겠어. 같이 가주면 너희가 종말 이쁠꼬양."

순간 몸에 전류가 흐르듯 소름이 돋았다. 말이 떨어지기가 무섭게 나를 포함한 나머지 네 명 모두는 바로 화장실로 향했다. 계속 현아의 말을 듣느니 빨리 원하는 것을 들어줘서 입막음을 하고 싶었던 것이다. 현아는 나이 사십이 넘은 지금도 아기 말투를 벗어나지 못하고 있다.

혀 짧은 소리를 하는 원인은 실제로 혀가 짧은 경우와 귀여운 척 아기 말투를 흉내 내는 경우로 구분할 수 있다. 혀 짧은 소리를 내는 사람은 'ㅅ, ㅈ, ㄹ' 발음이 잘 되지 않는다. 대표적인 예로 "실당님", "깜딱이야" 같은 말이 있다. 특히 윗니와 아랫니 사이가 벌어져 있는 사람들은 거의 그렇다. 혀 짧은 발음을 내는 사람들을 유심히 살펴보면 말을 할 때에 혀가 보이기도 한다. 물론 영어는 예외이지만 우리말을 할 때에는 혀가 보이지 않는다.

이때에는 혀를 입천장에 붙였다 떼면서 소리를 내도록 해야 한다. 처음에는 잘 되지 않지만 의도적으로 혀를 입천장에 붙였다가 떼면서 발음하는 연습을 하다 보면 고칠 수 있을 것이다.

반면에 혀가 짧지도 않으면서 귀여운 아기처럼 의도적으로 지나치게 애교 섞인 유아 말투를 쓰는 사람도 있다. 특히 남자 친구 앞에서 더욱 심해진다. 이는 상대에게 보호를 받고 싶다는 무의식 속의 신호라고 생각한다. 그러나 그 신호 자체를 귀여워하거나 상대의 보호본능을 일으키는 데 성공했을지라도 긴 시간 지속되다 보면 상대는 싫증을 느낄 수 있고 고치기 힘든 습관이 되어 자신에게도 피해를 준다는 사실을 기억해야 한다.

유아 말투는 목에 힘이 들어가고 목을 쥐어짜듯 해야 나오는 목소리이므로 성대 역시 좋지 않게 된다. 목을 상하게 해서 나중에는 탁하고 허스키한 목소리를 만들 수 있다. 걸걸한 목소리로 유아 말투를 내는 것은 상상만 해도 부담스럽다. 상대에게도 고문인 아기 말투를 내는 사람이 있다면 녹음해서 본인에게 목소리를 들려줘 보자. 너무 심한 정성일까?

자주 화내면 목소리도 변한다

자주 화를 내는 언니가 있다. 탤런트처럼 예쁜 얼굴을 갖고 있어서 그녀의 별명은 '가시 박힌 장미'이다. 불리한 상황이 되면 무조건 화부터 내서 분위기를 어색하게 만든다. 지켜보니 그 언니는 습관적으로 화를 내고 있었다.

화내는 습관은 중독이다. 담배를 끊지 못하는 것처럼 화를 내는 것에 중독되면 화를 끊지 못한다고 한다. 승용차가 아무리 아름답고 엔진이나 타이어가 우수할지라도 그 차에 브레이크 장치가 없다면 그것은 사고의 원인이 될 수 있다. 사람에게는 브레이크 역할을 하는 자제력이 필요하다.

그렇다면 사람은 왜 화를 내는 것일까? 부당한 대우를 받았다고 느끼기 때문이다. 분노는 다른 사람을 다스리게 한다. 어떤 이들은 이 기술을 잘 터득해 단지 소리를 지르고 화냄으로써 자신이 원하는 것을 얻으려 한다. 사람에게는 '내가 화를 내니까 아이들이 말을 듣는구나', '사람은 좋게 말하면 안 돼. 역시 소리를 질러야 말을 들어' 하는 인식이 깔려 있다. 심지어 교통사고를 내는 원인을 제공했음에도 불구하고 목소리 큰 사람이 피해자가 된다는 엉뚱한 지론이 생겨 버린 현실에서 화를 내는 것은, 화가 나서라기보다는 자신의 뜻을 극대화하여 전달하기 위한 도구로 이용되는 경향이 있다. 그래서 더욱 거칠게 말하고, 고압적인 자세에서 명령조로 지시를 내리는 것이다.

안타깝게도 아들 둘을 키우고 있는 그 언니는 목소리가 심하게 쉬어 있었다. 목이 잘 잠기고 탁해져 헛기침도 자주 했다. 병원 치료를 받고 있다는 그녀는 자주 화를 내다 보니 소리를 지르게 되고 그 결과 성대에 문제가 생겼다. 큰소리를 치며 화를 내다 보면 기운도 없어지지만 목이 아프고 목소리도 갈라졌던 경험이 있을 것이다. 화의 부작용은 무섭다.

몇 해 전의 일이다. 생방송을 앞두고 갑자기 화가 나는 일이 생겼다. 도저히 웃는 얼굴로 방송을 진행할 자신이 없었다. 도망가고 싶을 만큼 불편한 상황이었으나 이미 방송 시작 시간은 1~2분 앞으로 다가왔다. 먼저 여러 차례 큰 호흡을 하며 기도를 하고 마음을 다스렸다. 그리고 억지로 웃음을 지으며 오프닝 멘트를 읽어 내려가는데 분한 마음에 눈물이 주르륵 흐르기 시작했다. 아찔한 순간이었지만 다행히 티나지 않게 방송을 마쳤으며 화났던 마음도 어느 순간 사라졌다. 마음을 잘 다스려 평정심을 유지하는 것이 아나운서의 조건임을 제대로 배울 수 있는 경험이었다.

내가 아는 정신과 전문의는 늘 웃는 얼굴이다. 무엇이 그리 좋은지 볼 때마다 싱글벙글한 그에게 화가 날 때는 어떻게 하는지 물었다.

"글쎄요. 만약에 화가 나면, '나를 수양시키려고 노력해주는군. 나를 하나님으로 여기는 사람이 참 많네' 라고 혼자 생각해요."

오히려 상대가 자신의 관심을 더 얻고 싶어서 그러는 거라며 스스로에게 위로를 해주면 화는 금세 풀린다고 했다. 아니 화가 나질 않는다고 했다. 상대의 입장을 진심으로 이해하려고 하면 오히려 연민이 생긴다고 말하는 그에게 존경심마저 생겼다.

그가 제안하는 화를 다스리는 방법은 다음과 같다.

첫째, 있는 그대로 화난 상태를 담백하고 솔직하게 이야기하는 것이다. 아주 침착한 자세로 솔직하게 이야기하는 것은 긴장을 해소시키고 상대방의 행동을 잘 이해하는 데 도움이 된다.

"그러니까 지금 안 된다는 거죠? 그렇게 말씀하시니 제가 화가 나려고 하는데요."

이성을 잃을 만큼 화가 난 상태에서 어떻게 그런 표현이 가능하겠는가 싶은데 훈련을 통해서 충분히 가능하다는 것이 정신과 전문의의 의견이다.

둘째, 기다리는 것이다. 분노를 자제하기 위한 건설적인 방법을 찾을 때까지 자신의 행동을 늦추어야 한다. 예를 들어 화가 진정될 때까지 참거나 언행으로 옮기기 전에 하나부터 열까지 세어보는 것도 종종 도움이 된다.

셋째, 운동하는 것이다. 긴장에서 벗어나 육체적인 활동에 참여하는 것도 분노가 낳은 긴장을 해소하는 데 도움을 준다.

넷째, 상대를 사랑하는 것이다. 그가 말한 이 마지막 방법이 상당히 솔깃했다.

"상대를 때려눕힐 수 없다면 죽도록 사랑하려고 노력해 보세요"라고 하는 그의 말에 웃음을 터뜨렸지만, 오랫동안 머릿속에 남았다. 평소 같으면 비위가 약해 도저히 상상할 수 없는 일이었지만 오히려 친절하게 대해보자는 비장한 결심을 하게 되었다. 그 다음은 여러분의 상상에 맡긴다. 미소 짓는 나의 모습을 말이다.

아버지는 성난 말에 성난 말로 대꾸하지 말라고 가르치셨다. 자꾸 화를 내면 목소리도 금방 쉬고 갈라지는 음색으로 변하며 표정도 험상궂게 변한다. 결국 이미지도 그렇게 변해간다. 만약에 우리가 예전의 순수한 모습으로 다시 돌아가게 된다면 어떨까? 원수를 사랑하는 마음을 갖게 되고 목소리도 청아한 소리로 울려 퍼질 것이다. 저절로 미소가 지어진다.

나이 40이 되면 자기 목소리에 책임져야 한다

링컨이 나이 40이 되면 자기 얼굴에 책임을 져야 한다고 했듯이 사람의 목소리 또한 관리하고 다듬기 나름이다. 상대에게 강한 여운을 남기는 것은 바로 목소리다. 직장생활을 했지만 결혼하면서 그만두고 오랫동안 주부로만 살아온 박성미 씨는 남들 앞에서 말하기가 창피하다며 그런 자신의 말투를 바꾸고 싶다고 말했다.
"제 목소리가 들떠 있다고 해요. 음색도 탁하고."
이런 여성도 반복적으로 호흡과 발성, 발음 훈련을 하게 되면 여러 사람 앞에서 들뜨지 않고 안정된 톤을 유지하며 말할 수 있게 된다. 그러나 "그래도 목소리는 원래 타고나는 건데 어떻게 하겠어요"라고 말하면서 자포자기하는 사람들을 흔히 보게 된다. 그러나 사회생활을 하다 보면 목소리가 주는 비중이 꽤 크다는 것을 알 수 있다. 맑고 부드러운 목소리를 듣는 순간 얼마나 기분 좋아하고 부러워했는지 말이다.

그리 예쁜 얼굴은 아니지만 방송국에 그녀를 찾는 전화는 빗발친다. 그녀와 한 번이라도 통화하고 싶다는 어느 운전사, 취재에 응했는데 아주 친절한 그녀를 칭찬해줬으면 한다는 어느 시민에서부터 사내 동료에 이르기까지 인기 만점의 리포터였다. 과연 그녀의 매력은 무엇일까? 그녀는 아주 겸손했다. 말 한마디 한마디가 겸손하고 착해서 여자인 내가 봐도 정말 사랑스러웠다.

"선생님, 좋은 말씀 감사합니다. 날씨가 추워졌는데 아무쪼록 건강 조심하십시오. 다음에 찾아뵙겠습니다."
"언니, 취지는 잘 알겠습니다. 저도 명심하겠습니다."
"지금까지 드린 말씀, 잘 부탁드립니다."
"바쁘시겠지만 방송에 참여해주시길 부탁드리겠습니다."

표정과 태도가 빠져버린 말의 내용만 옮기다 보니 그녀의 느낌을 살리는데 역부족이지만 그녀는 최대한 부드러운 표현으로 대화를 마무리했다. 그녀와 이야기를 하고 있으면 내가 존중받고 있다는 생각이 절로 든다. 대화 도중에라도 "실례하지만 메모를 해도 될까요?"라고 반드시 허락을 구한다. 궁금한 부분에 대해서는 되도록 겸손한 자세로 조심스럽게 물어보는 그녀를 누가 미워할 수 있을까? 인터뷰가 끝나면 항상 상대에게 감사의 표현을 잊지 않는 그녀. 겸손하고 공손해 보이는 태도와 목소리는 어느 누구에게나 그녀를 호감가게 만드는 요술지팡이었다.

사람들은 화려한 말보다는 정감 있고 따뜻한 목소리를 좋아한다. 비록 투박한 음색일지라도 그 사람의 진심이나 인생이 담겨 있는 진정한 목소리는 소중하고 귀한 것이다. 그래서 나이 40이 되면 자신의 목소리에 책임질 줄 알아야 한다.

변성기 시절 목 관리, 평생 목소리 결정한다

사람의 목소리는 평생 두 번의 변성기를 거치게 된다. 제1변성기는 사춘기 시절 아이에서 어른의 목소리로 바뀌는 시기이다. 변성 이전에 남녀의 목소리는 별 차이가 없으나 변성을 거치면서 확실하게 구분된다. 제2변성기는 50대 이후 성대의 폭이 좁아지면서 성대 주위에서 점액 분비가 줄어들어 깔깔한 노인 목소리로 변하는 시기이다. 변성기의 성대는 불그스레하게 변하면서 염증이 오고 쉰 소리가 난다. 따라서 과도하게 큰소리를 내면 변성기가 지난 후 나쁜 목소리를 만나게 된다. 명절 때 만나면 조카들은 이런 질문을 한다.

"이모, 변성기 때 정말 목소리를 바꿀 수 있어요?"

보통 15살 전후로 성인의 성대가 만들어지는데 이 시기에는 성대의 길이가 어른의 크기로 커져 남자는 보통 60퍼센트 정도 길어지고 여자는 34퍼센트 정도 길어진다. 그래서 남자에 비해 여자가 변성기의 증상을 덜 느낄 수 있다.

변성기란 우리 몸이 자라듯 성대가 커지는 시기이다. 갑자기 길어진 성대에 대하여 발성 방법과 같은 다른 기능은 아직 변성기 전의 상태를 유지하기 때문에 길어진 성대를 효율적으로 사용하지 못한다. 이때 지나치게 큰 소리를 내거나 고함, 높은 소리 등은 성대 질환을 일으켜 목소리를 갈라지게 만든다. 따라서 절대로 과격하게 소리를 지르거나 높은 음의 노래는 하지 말아야 하며 어쩔 수 없이 무리하게 목을 사용했다면 며칠 동안은 목을 아껴야 한다. 아낀다는 것은 목에 무리가 가는 소리를 내며 말을 하지 않아야 한다는 의미다.

"이모, 나는 노래 부르기를 좋아하는데요?"라고 묻는 조카에게 "부르지 말라는 것이 아니라, 지나친 고음은 생략! 그냥 참아!"라고 말하면서 변성기 때 목을 잘못 써서 평생 목소리 때문에 고생한다는 경고를 덧붙였다.

변성기는 약 1~2년 정도 지속된다. 지루할 수도 있겠지만 이 기간 동안의 목 관리가 평생 어떤 목소리의 주인공으로 살아가느냐를 결정하므로 부모가 옆에서 잘 관리해주는 것이 중요하다. 가능하면 소리 지르지 말고 물을 많이 마시며 자극적인 음식과 음료는 피하는 일반적인 방법이 가장 좋다.

목소리 노화를 막는 방법

KBS 〈가요무대〉에 나왔던 어느 원로 가수가 팔순을 바라보는 나이에도 불구하고 여전히 고음 처리가 매끄러워 깜짝 놀란 적이 있다. 이처럼 좋은 목소리를 유지하려면 꾸준한 관리가 필요하다.

어린아이의 목소리는 해맑고 깨끗하면서도 음색이 또렷하다. 그러다 변성기를 거치면서 남녀의 구분이 명확해지고 서서히 노화되기 시작한다. 특히 여성은 아이를 낳으면 목소리가 굵어진다고 한다. 대체로 건강한 성인은 특별히 나쁜 습관만 없다면 건강한 목소리를 유지할 수 있다. 목소리의 노화 현상이란 나이가 들어감에 따라 몸이 전반적으로 노화하면서 성대의 근육이 약해지고 위축되어 성대 자체의 근육량이 줄어들고 성대의 원활한 접촉에 장애가 일어나 목소리에 힘이 없어지는 것을 말한다. 그렇다면 목소리의 노화를 늦추고 건강한 목소리를 유지할 수 있는 방법은 무엇일까?

첫째, 건강을 유지해야 한다. 아픈 사람들의 목소리는 탄력도 없고 약하다. 유산소 운동을 통해 심폐기능을 강화하는 것도 목소리 노화를 막는 좋은 방법이다. 등산이나 산책, 요가나 단전호흡을 하는 것도 도움이 될 것이다. 둘째, 발성 훈련을 하거나 가볍게 노래를 부르는 것이 좋다. 셋째, 친구가 있어야 한다. 오랫동안 침묵하는 것은 성대 건강에 오히려 좋지 않다. 운동을 통해 근육을 단련시키는 것처럼 성대 근육이 약해지지 않도록 친구와 함께 편안하게 대화를 나누는 것이 좋다. 넷째, 즐거운 마음을 가져야 한다. 성내고 짜증난 표정에서는 거칠고 굵은 목소리가 나온다.

맑고 고운 목소리 유지 비결

내 강의를 듣는 수강생 중에 프랑스 배우처럼 우아한 분위기를 풍기는 여성이 있다. 그녀는 50대의 나이에도 불구하고 젊은 여성 못지 않은 싱그러움이 묻어나지만 외모와 어울리지 않는 심한 사투리와 약간 허스키한 목소리를 갖고 있다. 결국 그녀는 이를 고민하다 나에게 상담을 요청했다. 그녀를 관찰해봤더니 가슴호흡을 하며 가성으로 말하고 있었고 조금만 말을 해도 목이 쉬었으며 목소리는 점점 허스키하게 변해가고 있었다.

오랜 대화 끝에 그녀가 입을 벌리고 잠을 잔다는 사실을 알게 되었다. 입으로 호흡을 하면서 목이 건조해져 그것을 해결하기 위해 아침마다 무리한 헛기침을 하게 됐다는 것이다. 결국 오래된 습관이 그녀의 목소리를 점점 탁하게 만든 원인이었다.

TV를 시청할 때 입을 벌리고 보는 사람은 입으로 호흡을 하게 되어 역시 목이 건조해진다. 따라서 입을 다물고 코로 호흡하는 습관을 들여야 한다. 이외에도 장시간 큰소리로 말해야 하는 선생님이나 강사, 특히 에어로빅 강사나 수영강사의 목소리를 들어보면 변성기의 어른을 만난 것처럼 탁한 음성이다.

큰소리로 말하지 않는 것이 가장 좋은 방법이지만 어쩔 수 없는 환경이라면 가능한 말을 줄이고 목을 건조하지 않게 미지근한 물을 많이 마시는 것이 좋다. 평상시에는 더욱 목을 아껴야 한다. 매력 있는 목소리는 그냥 얻어지지 않는다. 평소에 철저한 관리가 필요하다.

● 맑은 목소리를 유지하는 생활 습관

❶ 간접흡연도 멀리하기

흡연은 성대에 무리를 준다. 담배를 끊지 못하는 아나운서나 성우도 많지만 마음은 이미 수천 번 끊을 만큼 흡연의 피해가 크다는 것을 알고 있다.

❷ 미지근한 물 많이 마시기

너무 뜨거운 물이나 차가운 물은 목에 자극을 줄 수 있다. 목의 건조함을 조심하자. 특히 입에 침이 마르면 성대 역시 건조해지므로 성대 점막에 습기를 공급해주는 것이 좋다. 성대가 마르지 않도록 물을 마시자. 이때 급히 마시지 말고 천천히 홀짝홀짝 마셔야 한다.

❸ 술 줄여보기

쉰 목소리를 관리하기 위해 노래도 부르지 않을 만큼 철저한 사람이 매일 술을 마신다면 말짱 도루묵이다. 술은 호흡을 짧게 한다.

❹ 헛기침하거나 속삭이지 않기

헛기침은 정상적인 점액이나 가래 등을 제거하지 않는다. 특히 마이크 앞에서 목소리를 가다듬기 위해 습관적으로 헛기침을 하는 사람이 많은데 이럴 때에는 오히려 큰 숨을 쉬는 것이 좋다.

❺ 바른 자세로 말하기
악기를 바르게 놓는 게 중요한 것처럼 사람의 목소리도 바른 자세로 내야 한다. 말을 많이 하고 나면 목 근육도 풀어주어야 한다. 목 돌리기 운동을 꼭 하자.

❻ 맵고 짠 음식 멀리하기
맵고 짠 음식은 목에 부담을 주기 때문에 피하는 것이 좋다.

❼ 밤에 과식하지 않기
음식을 많이 먹으면 위산이 많이 넘어와서 성대가 상하게 된다.

❽ 노래방이나 시끄러운 장소 피하기
높은 음을 내기 위해, 그리고 큰소리로 말하기 위해 성대는 혹사당하고 있다.

❾ 말 많이 하지 않기
목을 쉬게 해야 한다. 피로는 목소리에 묻어난다.

❿ 수건을 목에 감고 잠들기
따뜻한 목 보호가 필요하다.

목소리가 잘 나오지 않을 때는 크게 숨을 쉬거나 레몬즙을 넣은 따뜻한 차를 마시고, 건강함을 유지하면서 충분한 휴식을 취하는 것도 좋다. 성대에 이상이 생기면 목소리가 건조하고 푸석해지며 쉰 소리와 잠긴 소리가 난다. 이럴 때는 무조건 휴식을 취해야 회복할 수 있다. 몸이 좋지 않다는 증거이기 때문이다.

나는 성악가 중에 테너 안드레아 보첼리의 목소리를 참 좋아한다. 영혼을 울리는 천상의 목소리, 안드레아 보첼리는 과연 어떻게 목소리를 관리하고 있을까?

그가 한결같은 미성을 유지하는 비결을 물었던 어느 기자는 인터뷰를 마친 후 안드레아 보첼리의 철저한 자기관리를 꼽았다고 한다. 특히 공연이 있는 날은 하루 전부터 시작하는 것이 있다. 바로 '침묵'이다. 침묵은 목을 보호해주는 아주 좋은 방법이다. 침묵을 하면 성대가 충분히 휴식할 수 있으며 마음의 흥분과 동요도 가라앉게 한다.

 ## 올바른 마이크 사용법

연설자의 마이크에서 말끝마다 '퍽, 퍽' 소리가 나면 내용에 몰입하기가 어렵고 자꾸 귀에 거슬려 예민해질 것이다. 무대 위 마이크 앞에 서면 먼저 긴장부터 돼서 다른 것을 생각할 겨를도 없지만 사전에 마이크의 사용법이나 특성을 익혀둔다면 멋진 목소리를 낼 수 있다.

아나운서를 비롯해 많은 사람들은 평소의 목소리보다 마이크를 통해서 나오는 음성이 더 중요하다고 여긴다. 마찬가지로 평범하게 생각했던 그의 목소리가 마이크를 잡은 순간 매력적으로 들린다면 다시 한 번 그를 쳐다보게 된다. 마이크를 통해 자신의 목소리가 최상의 목소리로 전달될 수 있도록 해보자. 올바른 마이크 사용법은 다음과 같다.

❶ 마이크 앞에서는 바른 자세로 어깨를 펴고 편안하게 앉거나 서야 한다. 그리고 가볍게 마이크를 잡으면 된다. 어떤 이는 브리핑을 하면서 잔뜩 멋을 들여 마이크를 살짝 잡았다가 신뢰성까지 영향을 받은 적이 있다. 그만큼 무심코 한 행동 하나가 자신을 드러내는 도구로 쓰인다는 것을 잊어서는 안 된다.

❷ 입과의 거리는 5~10센티미터, 즉 주먹 하나 들어갈 정도의 거리를 유지해야 한다. 마치 노래방에서 노래 부르듯이 마이크를 입술에 바짝 대고 말하면 곤란하다. '프, 프' 소리가 나지 않도록 노래할 때와 스피치 할 때를 구분해서 조절하자.

❸ 입과 마이크의 각도가 45도를 유지해야 소리가 잘 전달된다. 또 마이크가 입을 가리지 않도록 하자. 상대에게 얼굴 아랫 부분이 가려 답답함을 줄 수 있다.

❹ 목소리가 커졌다 작아졌다 하면 곤란하다. 볼륨이 일정하도록 마이크와의 거리를 유지하고 목소리 또한 일정하게 해야 한다.

❺ 바람 소리처럼 들리는 파열음은 귀에 거슬린다. 또 '시옷'이 들어간 단어는 발음이 강해서 쇳소리가 나지 않도록 조심하자.
❻ 거친 숨소리와 기침 소리 등이 나지 않도록 자신의 목소리를 연구하면서 마이크를 통해 최상의 목소리가 전달될 수 있어야 한다.

마이크 자체가 부담스럽고 불편하다면 집에서 마이크를 들고 말하는 연습을 해보자. 마이크를 잡아야 편안해지는 아나운서처럼 차츰 익숙해질 것이다.

Chapter **4**

아나운서
고군분투기

아나운서들은 타고난 것일까? 처음부터 똑 부러지게 말을 잘 했을까? 그렇지 않다. 대부분의 아나운서는 또렷한 발음과 발성을 위해 피나는 연습과 훈련을 한다. 잠시 나의 경험을 빌려보겠다. 나는 칠남매 중 막내로 태어나 어려서부터 귀여움을 많이 받고 자란데다 어리광이 유독 많아서 남들에 비해 애교가 많은 편이다. 부모님한테 용돈을 타내거나 어려운 부탁을 해야 하는 경우에는 몸을 좌우로 흔들면서 아기 말투로 얘기하곤 했다.

아나운서 수습 기간에도 이를 극복하기가 결코 쉽지 않았다. 뉴스를 전달하는 아나운서들은 일반인보다 말을 정확하게 해야 함에도 여전히 어린아이 말투와 부정확한 발음, 들쑥날쑥한 억양을 소유한 데다 호흡도 짧아 뉴스 진행에 어려움을 느꼈다. 스스로 아나운서의 자질이 부족한 듯해 의기소침하기도 했다. 아나운서의 능력은 감출 수가 없다. 마이크를 통해 날마다 자신의 실력이 공개되기 때문이다. 결국 나는 생존을 위해 독한 맘을 먹고 원초적인 훈련부터 시작했다.

첫째, 입에 연필을 물고 발음훈련을 했고, 발성연습도 시작했다. 발음이 정확한 아나운서의 멘트를 녹음한 뒤 그것을 반복해서 자주 들어보고 집중했다. 한 문장씩 듣고 직접 종이 위에 적어보면서 들을 때는 종이를 보지 않고 그냥 귀로만 듣도록 했다. 가장 큰 문제인 사투리 억양을 바꾸기 위해 나의 롤모델인 아나운서 선배의 말투를 녹음해서 반복해 들으며 흉내 내고, 두 시간씩 모니터를 하며 따라했다. 2~3년 정도 피나는 훈련을 하고 나니 나의 발음은 조금씩 자리를 잡기 시작했다.

둘째, 나의 유아 말투를 없애기 위해 한 자 한 자 또박또박 정확하게 발음하며 천천히 말하는 연습을 시작했다. 평상시 하는 말도 마치 생방송 진행을 하는 것처럼 의식하면서 단답형의 짧은 말보다는 통문장으로 말하기 위해 애썼다. 이에 가장 곤혹스러웠던 대상은 아마 가족과 친구들이었을 게다.

"야~ 우리 어디서 볼까? 밥이나 먹자. 응?" 그랬던 내가 "우리가 오랜만에 만나서 밥을 먹는 것이 어떻겠니?" 하며 또박또박 말하자 친구들은 아나운서와 방송하는 것 같다는 둥 라디오를 켜놓고 있는 것 같다는 둥 나의 유별남에 혀를 내둘렀지만 그에 아랑곳하지 않았다. 집에서조차 매순간 실제 방송이라고 생각하고 말했다. 그렇게 몇 년을 계속하고 나니 나중에는 별로 의식하지 않아도 말의 빠르기가 일정해지고 정중한 말하기도 어색하지 않게 나올 수 있었다.

셋째, 차 안에서 1분 스피치 연습을 했다. 아나운서는 '온에어'가 켜지면 어떤 말이라도 해야 할 의무가 있다. 설령 원고가 없더라도 순발력을 발휘해 보통 2~3분은 정해진 주제로 얘기할 수 있어야 한다. 그래서 신호를 기다리는 동안에 물의 날, 부모, 평화 등 일상생활에서 흔히 접하게 되는 내용으로 1분 스피치 연습을 했다. 비록 혼자하는 연습이었지만 말하기 실력을 쑥쑥 자라게 하는 좋은 기회였다.

넷째, 다른 방송인들의 방송을 모니터했다. 나는 특히 SBS의 DJ 이숙영 씨를 대학 시절부터 좋아해서 매일 아침 그녀의 방송부터 들으면서 마음껏 따라하고 닮아가기 위해 노력했다. 듣고만 있어도 힘이 솟게 만드는 그녀의 목소리를 무척이나 부러워했다. 거기에 자극받아 생기 있는 음색을 위해 마음의 생기부터 불어넣으려는 마음공부도 게을리하지 않았던 옛 시간이 정말 소중하기만 하다.

아나운서는 문학이나 심리학, 상식을 비롯해 깊이는 부족하지만 뷔페처럼 다양한 지식이 필요한 직업이다. 또 많은 것을 보고 경험하면서 생활에서 쉽게 지나칠 수 있는 것들을 색다르게 볼 수 있는 눈과 그것을 다시 잘 표현할 수 있는 능력을 길러야 한다. 내 삶에서 지난 15년을 되돌아보면 한없이 부족함을 느낀다. 나는 여전히 훈련 중이다.

아나운서로 살기

아나운서 표정 짓기

나의 어머니는 젊은 시절 미인이라는 말을 꽤 듣고 사셨다는데, 그런 어머니도 웃지 않는 무표정한 얼굴로 있으면 지나가는 분들이 한 말씀 하신다.

"진영이 엄마가 어디 아프신가? 표정이 심상치 않던데……."

"무슨 일 있는지 물어봐, 자네가."

"아이고, 나 무서워서 말도 못 걸겠어. 자기가 물어봐."

어머니의 얼굴을 자세히 들여다보니 그 예쁘고 큰 눈은 텐트를 친 듯 축 처져 있고 미간은 잔뜩 찌푸려 주름살이 더욱 깊어 보였다. 일부러 눈썹 펜슬로 그려놓은 것처럼 한쪽이 올라가 있어서 화난 표정이 역력하다.

"아니여. 나 화난 일 없는디. 괜찮여. 근디 와?"

어머니가 이렇게 얘기해도 처음 만나는 사람들은 대부분 그녀가 화 나 있다고 오해한다. 성격을 이해할 만큼 친해져야 인상 쓴 표정도 평소의 모습임을 알게 된다지만 그러기에는 적지 않은 시간 표정 때문에 눈치를 살펴야 한다.

방송할 때도 마찬가지다. 진행자는 스튜디오의 유리벽 너머 스태프들의 표정을 보면서 자신의 멘트에 대한 반응을 살피기도 한다. 어느 PD는 세상의 시름을 다 앓는 것처럼 너무나 심각한 표정으로 서 있다. 엔지니어와 진행자에게 사인을 줄 때도 무표정이다.

이 경우 처음에 진행자는 자신이 방송을 잘못하고 있나 하는 고민이 들 정도로 그의 표정을 살피게 되고 급기야 스태프들은 눈치를 보게 된다. 그럼 방송이 자연스러울 리가 없다. 훌륭한 PD는 진행자가 편안한 방송을 할 수 있도록 생방송 중에 미소를 머금을 줄 아는 사람이라고 한다.

이처럼 사람들은 말하기 전에 이미 표정으로 말을 한다. 무표정한 젊은 사람들의 얼굴을 보면 안쓰럽다. 아무렇지도 않은데 "너 화났니? 무슨 일 있어? 표정이 왜 그래?"라는 이야기를 종종 듣는다면 자신의 표정에 대해서 생각해봐야 한다.

나는 학생들에게도 수업 준비물로 항상 거울을 준비하라고 한다. 아침저녁으로 보는 거울 앞에서 우리는 최대한 예쁜 표정으로 씩 웃어보지만 다른 사람과의 면전에서는 부지불식간에 내 맘대로의 표정이 나타난다. 좋은 표정은 상대에게 호감을 줄 수 있는 아주 중요한 요소이고, 상대를 위한 배려이기도 하다. 표정을 잃게 되면 마음마저 어둡게 된다는 말처럼 불필요한 표정을 버리고 밝고 환한 표정을 지으려면 항상 거울 앞에 서서 자신을 바라보자.

자신도 모르게 긴장한 모습을 직접 거울을 통해 보는 것도 흥미로울 것이다. 그리고 거울을 통해서 불필요한 표정과 손짓, 몸짓을 발견하고 교정해보자. 손을 어디에 둘지 몰라 뒷짐을 지거나 기도하는 자세로 두 손을 붙잡고 있어도 어색하기만 하다. 말하는 내용에 맞춰 적절하게 손동작을 하는 것 역시 연습이 필요하다. 거울 앞에서는 옆모습도 빠뜨리지 말자. 등이 굽었는지 엉덩이가 나왔는지 살펴보는 것도 필수다.

아나운서는 자연스럽게 웃는 표정을 최고로 삼는다. 프로그램 성격상 아나운서는 긍정적으로 말하기 위해 노력하고 그러한 자세로 임하다 보니 웃는 표정이 점점 익숙해져 간다. 무표정한 얼굴이 굳어져서 웃는 것이 어색하고 부자연스럽다면 일부러 웃지 않아도 된다. 오히려 더 어색해질 수 있다. 그러나 꾸준히 연습하고 웃다 보면 아주 자연스러운 모습이 만들어질 것이다.

지금 거울 앞에서 여러분의 얼굴을 살짝 살펴보라. 아나운서는 슬픈 일이 있거나 몸이 아파도 미소를 지으면서 방송해야 하고, 설령 방송이 전달하는 내용과 자신의 생각이 달라도 내색하지 않아야 한다. 하물며 아버지가 돌아가셨을 지라도 웃으며 말해야 하는 직업상의 고충이 있다.

우리말의 고음과 장·단음

아나운서 수습 시절 가장 헷갈리고 어려웠던 교육은 바로 우리말의 장·단음과 고음 처리였다. 우리나라 말은 발음의 길이, 즉 장음과 단음이 엄격히 구분되어 있어 장·단을 구별하지 못할 때는 단어의 뜻이 달라지므로 혼돈을 줄 수 있다.

초등학교 시절, 선생님께서 손가락으로 하늘에서 내리는 눈을 가리키며 아이들에게 이렇게 물었던 적이 있었다.

"여러분, 저 눈은 [눈]이 맞나요? [눈:]이 맞나요?"

여기서 '눈'은 하늘에서 내리는 눈(雪)을 뜻하고 장음으로 발음해야 한다. 반면 신체 부위를 뜻하는 눈(目)은 단음이다. 우리가 자주 쓰는 [사:람], [사:건], [사:고], [대:통령], [정:답]도 모두 장음으로 발음해야 한다. 장·단음은 숫자에도 있다. 2, 4, 5가 들어가는 숫자는 모두 길게 발음하자. 그리고 [둘:], [넷:], [쉰:], [만:]이 들어가면 장음으로 발음하고 나머지 숫자는 모두 단음으로 발음하면 된다.

과연 한국어의 장·단음은 몇 개나 될까? "수십만 개는 될 걸?" 하는 선배 아나운서의 대답을 듣는 순간 갑자기 한숨이 나왔던 기억이 난다. 도대체 그 많은 장·단음은 어떻게 구별할까?

아나운서는 뉴스 원고를 받으면 일일이 사전을 찾아보고 원고에 장음과 단음을 표시하면서 매끄럽게 진행할 수 있도록 준비한다. 아나운서가 항상 휴대해야 하는 품목 몇 가지가 있다. 목의 건조함을 방지해주는 물, 수시로 자신의 목소리를 녹음하고 들어볼 수 있는 녹음기, 말할 거리를 찾아 기록해두는 수첩과 펜, 그리고 장·단음과 발음을 정확하게 알려주는 사전이 그것이다. 특히 아나운서는 조금만 의심 나면 사전을 펼쳐보며 확인해야 한다. 그리고 단어의 발음 하나하나를 정확하게 알고 싶다면 한국어 발음 사전을 찾아보자. 아주 두꺼운 책이긴 하나 발음 공부를 전문적으로 하고 싶은 사람에게 꽤 유익하다. 그 다음은 실습! 평소에도 익힌 단어를 인용해 대화를 나누고 발표를 하자. 조금씩 나아짐을 느끼고 말에도 맛이 있음을 느낄 때가 올 것이다.

장·단음을 지키게 되면 당연히 멋진 선물이 기다린다. 단어의 뜻이 정확히 구별되고 말에도 맛이 있음을 느끼게 될 것이다. 강약의 리듬을 타게 되어 마치 멜로디처럼 느껴지는 음악적인 언어를 쓰고 있는 자신을 발견하게 될 것이다. 또한 말의 품격이 높아진다. 이와 같은 선물을 받게 될 날을 그리며 열심히 연습하자.

● 구분이 필요한 장·단음

❶ [여:권](輿圈)과 [여권](女權, 旅券)
❷ [전:기](電氣)와 [전기](前期, 傳記)
❸ [간:장](사람의 장기)과 [간장](음식의 간을 맞추는 조미료)
❹ [새: 집](날으는 새의 울타리)과 [새 집](새로 지은 집)
❺ [물:다](담배를 물다)와 [물다](입술로 물다)

사투리는 100퍼센트 고칠 수 있어요

한 남자가 고개를 돌려 다시 보고 싶을 만큼 아주 지적이고 세련된 여성을 발견한다. 말이라도 걸어보고 싶어진 그는 누군가를 기다리고 있는 듯한 그녀 옆을 배회한다. 드디어 친구를 만났는지 그녀는 천사 같은 환한 표정으로 입을 열었다.

"오메, 가시내. 빨리도 온다. 니 기다리다가 배고파 죽겠다."

순간 그는 사라지는 그녀의 뒷모습만 멍하니 바라볼 수밖에 없었나고 한다.

좀 더 교양 있어 보이고 싶은데, 혹은 남 앞에서 자신 있게 말하고 싶은데 사투리 때문에 고민하는 사람들이 더러 있다. 발음도 정확하지 않은데다가 억양까지 심하면 사태는 더욱 심각하다.

말은 그 사람의 인격을 나타내는 역할을 하기도 한다. 그렇다고 사투리를 쓰면 인격이 낮아 보인다는 것은 아니다. 사적인 자리에서 나오는 사투리의 경우 세련되지는 않았지만 어느 지방에서나 그저 구수하고 정겹기만 하다. 오히려 친밀함을 느끼게 해주고 가족 같은 분위기를 조성한다.

그러나 말의 목적은 정확한 전달에 있다. 우리가 다른 지역에 가서 대화를 하다 보면 내용의 50퍼센트도 알아듣지 못하는 경우가 있다. 결국 사투리는 사적인 언어로서는 좋지만 다른 지역 사람들에게는 이해하기 어렵고 결코 편안하지 않기 때문에 부담스러울 수밖에 없다. 따라서 공적인 자리에서는 공용어인 표준어를 쓰는 것이 바람직하다.

강한 사투리를 쓰다 보면 인물 평가 시에 부정적인 요소로 작용할 수도 있다. 사람은 말을 할 때 개인의 자질과 능력을 평가받게 되는데 아무리 외모가 뛰어나더라도 말투가 이상하면 혹자들은 색안경을 쓰고 보기도 한다. 그런 사람들에게 맞출 필요는 없지만 불필요한 오해로 시간 낭비할 일도 없지 않은가. 마찬가지로 훌륭한 일을 많이 한 사람이 표준어 대신 사투리를 쓰는 바람에 실제보다 낮게 평가되는 것은 안타까운 일이다.

지방에 사는 아이들 역시 주변 환경에 의해 적나라한 사투리 억양으로 성장하다가 취업 시 면접이라도 보는 때가 되면 그제야 표준어의 필요성을 실감한다. 실제로 어느 프레젠테이션 현장에서 발표를 하는 이가 자주 사투리를 쓰는 바람에 참석자들이 피식피식 웃어 집중하는 분위기를 망쳤다는 이야기도 들었다.

표준어는 무엇인가? 표준국어대사전에서는 '의사소통의 불편을 덜기 위해 전 국민이 공통적으로 쓰도록 정해놓은 말로 교양 있는 사람들이 두루 쓰는 현대 서울말'로 규정하고 있다. 따라서 우리는 표준어를 제대로 알 필요가 있다.

언젠가 한번 제주도에서 택시를 타게 되었다. 아주 정확한 표준어를 구사하는 기사님께 고향이 어디인지 물었더니, 그는 자신을 제주도 토박이라고 소개했다. 순간 놀란 나는 어쩜 사투리를 하나도 쓰지 않느냐고 물었다.

"스피치 학원에 다녀서 표준어 공부를 했지요. 물론 우리 제주도 사람끼리 있을 때에는 제주도 말을 쓰죠."

관광지역이다 보니 당연하다고 여길 수도 있지만 지역을 불문하고 공적인 장소에서는 표준어, 개인적인 곳에서는 자신이 원하는 제주방언을 마음껏 쓰는 제주도 사람들은 정말 대단하다고 생각한다.

그렇다면 사투리는 고칠 수 있을까? 사투리는 100퍼센트 교정이 가능하다. 성공한 배우 가운데 지방 출신 배우도 적지 않은데, 그들은 내끈하게 표준어를 구사한다. 어느 신인 배우에게 표준어를 배운 방법에 대해 질문했더니 이런 답변을 했다.

"먼저 자기 자신을 버리는 게 가장 중요해요. 서울에 사는 친구를 사귀면 더욱 좋겠죠?"

귀순한 한 여배우는 연습에 연습을 거듭한 끝에 표준어를 빨리 습득했다고 한다. 일상생활에서 다이어트를 하겠다고 발표하는 것처럼 표준어 사용을 목표로 정했다고 공표하는 방법도 있다. 자신이 목표로 삼은 행동을 공개적으로 표방하면 자신이 한 말에 책임을 느끼고, 실없는 사람이 되지 않기 위해 더 노력하게 될 것이다. 이러한 현상을 '떠벌림 효과' 라고 한다.

숭늉 같은 사투리도 쓰고, 세련된 표준어도 쓰는 자신의 모습을 상상해보자. 행복은 사과나무 아래에서 가만히 앉아 있기만 한다고 이루어지지 않는다. 말하기 또한 꾸준히 연습하고 훈련할 필요가 있다. 조범현 전 기아타이거즈 감독은 선수들에게 이렇게 말하곤 한다.

"결코 훈련은 배반하지 않는다."

말의 속도만 조절해도 어감이 다르다

내 나이 스물네 살 때 생방송으로 진행되는 KBS 1TV의 〈6시 내고향〉에서 중계차를 처음으로 타게 되었다. 지역의 축제 현장을 소개하는 내용이었는데, 리허설과 콘티를 주의 깊게 숙지해 나름대로 자신이 있었다. 진행시간은 7분, 가족에게 녹화까지 부탁하며 의욕 있게 준비를 완료했다. 그런데 방송이 시작되고 스튜디오에서 나의 이름을 부르는 순간, 갑자기 너무나 긴장이 되었던 것일까? 말의 속도가 테이프의 빨리감기처럼 초고속으로 나왔다. 방송은 시간 엄수가 생명이라 내가 맡은 7분을 끌어주어야 하는데 리허설 때와는 달리 불과 3분 50초 만에 후다닥 축제 소개를 끝내버리고 만 것이다. PD는 내가 숨도 쉬지 않고 진행해서 카메라맨이 따라가기도 바빴다고 했다. 너무나 속상해 눈물을 흘리고 말았지만 나는 생방송이 얼마나 어려운지 실감하게 되었고 말의 속도 역시 중요성을 절실하게 느낄 수 있었다.

긴장을 하면 말이 빨라질 수 있다. 서둘러 빨리 끝내고 싶어 하는 마음이 크기 때문이다. 말이 빠르면 논리적이지 못하고 정확한 전달이 어려울 뿐더러 상대방이 듣기에도 불편하다. 당시 나는 내가 무슨 말을 하고 내려온 지 기억도 나지 않았다. 말하는 사람이 무슨 말을 하고 있는지 모르면 듣는 사람 역시 어떻게 이해할 수 있겠는가. 그러므로 말을 할 때에는 서두르지 말고 상대가 이해할 수 있도록 내 말에 책임을 느끼며 성의 있고 정확하게 표현하자.

뉴스를 읽는 연습은 속도 조절에 많은 도움을 준다. 뉴스에는 발음과 억양, 음의 장·단, 끊어 읽기 등 말하기에 있어 빼놓을 수 없는 대부분의 요소가 다 들어 있다. 따라서 아나운서들은 뉴스 원고 낭독을 교육의 기본으로 생각하고 날마다 연습한다.

속도를 조절하면 말의 느낌이 달라진다. 한꺼번에 읽지 말고 어디에서 끊어 읽고 어디에서 빠르게 말하며 어디에 강약을 둬야 할지 정확하게 구별하기 위해 사선(/) 긋기를 하면서 문장을 잘 분석하는 작업이 필요하다. 다음 문장들은 띄어 읽기에 의해 의미가 전혀 달라진다. 잘 끊어 읽어 혼란을 피하자.

[서울/대운동장에서/펼쳐진다.
  서울대/운동장에서/펼쳐진다.

[이 새끼/손가락 걸고/약속하자.
  이/새끼손가락 걸고/약속하자.

또 어려운 단어나 숫자, 외래어 등을 말할 때에는 더듬기가 쉽다. 천천히 읽어야 한다. 강조하고 싶은 부분이나 숫자, 사람 이름, 지명 등 사실을 나열할 때 역시 또박또박 말하고, 어려운 내용은 빠르지 않게 말하면서 포즈를 잘 활용해야 한다.

생방송 할 때의 실패 경험은 쓰리고 아팠지만 나에게 피가 되고 살이 되었다.

아나운서가 전수하는
말하기 비법

아나운서의 발음 훈련법

　말을 하는 주된 목적은 설득이고 설득을 잘 하려면 무엇보다 의견을 정확하게 전달해야 한다. 그러려면 무엇보다 발음이 흐릿하지 않고 명확해야 한다.
　발음이 정확한 사람들은 입을 크게 벌리면서 말한다는 공통점이 있다. 성악가 조수미 씨가 노래할 때를 상상해보자. 그녀는 입을 최대한 크게 벌리며 아름다운 목소리를 낸다. 성우나 아나운서 역시 정확한 발음과 발성을 위해 입을 크게 벌린다.

　나는 스피치 강의 중에 이런 질문을 종종 한다. 여러분도 따라해 보기 바란다.

"자, 따라 해봐요. 오른손 검지와 중지를 붙여보세요. 그 두 손가락의 두께가 들어갈 정도로 입을 열면 된답니다."

"선생님, 입을 크게 벌리면 불편하잖아요. 그냥 대충 벌리고 말해도 상대방이 다 알아듣지 않나요?"라며 귀찮아하는 사람들을 보면 대부분 입을 조그맣게 벌리며 말한다. 당연히 목소리도 크지 않다.

다시 반복하지만 입을 위아래로 많이 벌리고 혀는 아주 활발하게 움직이면서 말해보자. 신문이나 책을 읽어도 상관없다. 인터넷에서 방송 기사를 출력해서 읽어보면 더욱 생동감이 있을 것이다. 이때 서두르지 말고 천천히, 한 자 한 자 정성스럽게 음운을 살려서 읽어야 한다. 여러 번 읽은 후에는 이제 정확히 읽어보자. 조금씩 정확히 이야기 한다는 생각으로 하면 된다. 다음 문장에서 틀린 발음을 살펴보자.

<u>올해</u> 3월 <u>해외 친구</u>와 <u>대한민국</u> <u>한강</u>에서 <u>관광</u>했습니다.
❶   ❷   ❸   ❹   ❺
[오래]   [해에 칭구] [대함밍국][항강]   [광강]

❶ '올해'의 히읗 발음을 잘 내지 않으면 '오래'로 발음할 수 있다. '올해'라고 정확히 발음하자. '히읗' 발음을 내면 단어가 예쁘게 들린다. '히읗' 음의 발음은 발음 공부를 했는지 하지 않았는지 구분시켜주는 하나의 기준이 될 만큼 중요하다.

❷ '해외 친구'를 제대로 발음하기가 이렇게 힘들 줄 몰랐다. 한 자 한 자 또박또박 읽는 훈련을 오랫동안 해야 가능한 발음이다.

마찬가지로 친구를 '칭구'로 발음하지 말자.

❸ 대한민국을 편하게 말하다 보면 나도 모르는 사이 '대함밍국'으로 발음하고 있는 자신을 발견할 수 있다. 받침의 '니은'이 바로 다음에 오는 '기역'으로 인해 '이응'으로 둔갑했다.

❹ 한강을 '항강'이라고 잘못 발음하지 말자.

❺ 관광도 어려운 단어다. 이중모음에도 신경 쓰고 '니은' 발음에도 정확해야 한다. 혀를 입천장에 붙였다가 떼야 '니은' 발음이 나올 수 있다. 항상 의식하는 자세가 필요하다.

다음 문장도 읽어보자.
"북한은 종교와 선교의 자유가 없는 곳입니다."
이 문장에서 선교를 '선교'라고 정확하게 읽지 않으면 '성교'라고 들리는데, 적지 않은 사람들이 '성교'라고 발음한다. 이처럼 잘못 발음하면 이상한 의미가 되는 단어들도 있으므로 주의하자.

거울은 연습할 때 꼭 필요한 도구이다. 우리나라 말은 혀와 입술의 모양에 따라 발음이 되는 문자이므로 거울 속 자신의 입모양을 보면서 훈련하는 것이 필요하다.

정확한 발음을 위해 다음의 훈련법을 따라 해보자. 먼저 사자가 긴 하품을 하듯 충분히 입을 벌렸다가 다시 혀를 입 밖으로 길게 내밀어 보는 운동을 반복해본다. 이 훈련법은 혀가 부드럽고 활발하게 움직이게 하는 방법이다. 그리고 아래턱을 상하좌우로 움직여본다.

역시 입을 크게 벌리면서 한다. 그 다음 씹는 운동을 통해 입가의 근육을 충분히 풀어주도록 한다. 후배 아나운서는 아침부터 일부러 껌을 씹으면서 근육을 풀기도 하는데 그만큼 중요한 훈련이다. 마지막으로 양 볼을 풍선처럼 빵빵하게 부풀린 채 5초 동안 그대로 있기를 세 번 이상 반복하고 혀로 입 안 구석구석을 핥아주면서 혀 운동을 시켜준다.

이러한 방법으로 한 번에 5분 정도 몇 번 반복하면 발음하기에 좋은 근육 훈련을 한 셈이다.

가능한 입을 크게 벌리고 다음에 오는 글자를 공명음으로 발음해보자. 주의할 점은 목에 너무 힘을 주어 무리가 가지 않게 한다. 위에서 아래로 왼쪽에서 오른쪽으로 혹은 대각선으로 다양하게 발음 연습을 해보자.

● 공명음 발음 연습하기

→

가	야	거	겨	고	교	구	규	그	기	↓
나	냐	너	녀	노	뇨	누	뉴	느	니	
다	댜	더	뎌	도	됴	두	듀	드	디	
라	랴	러	려	로	료	루	류	르	리	
마	먀	머	며	모	묘	무	뮤	므	미	

바	뱌	버	벼	보	뵤	부	뷰	브	비
사	샤	서	셔	소	쇼	수	슈	스	시
아	야	어	여	오	요	우	유	으	이
자	쟈	저	져	조	죠	주	쥬	즈	지
차	챠	처	쳐	초	쵸	추	츄	츠	치
카	캬	커	켜	코	쿄	쿠	큐	크	키
타	탸	터	텨	토	툐	투	튜	트	티
파	퍄	퍼	펴	포	표	푸	퓨	프	피
하	햐	허	혀	호	효	후	휴	흐	히

이제 다음에 오는 이중모음 발음을 연습해보자. 많은 사람들이 이중모음을 내지 않고 편한 방식대로 발음하는 경향이 있다.

기<u>획위회</u>가 <u>광주와 수원</u> 그리고 <u>원주</u>에서 <u>개최됩니다</u>.
  ❶   ❷   ❸   ❹
[기핵이오네] [강주아 수온] [온주] [개체댐니다]

❶ 기획위원회는 '획', '위', '원', '회' 등 네 개의 음운이 이중모음으로 발음하기 아주 어려운 단어이다. 음 하나 하나 살려서 잘 읽어주어야 '기획위원회'로 발음할 수 있다.

❷ '광주와 수원'을 '강주아 수온'으로 발음하지 말자. '와'의 발음도 편하게 발음하면 '아'로 들리기 때문에 정확히 '와'로 발음

하려면 입 모양을 오므렸다가 둥글게 펴야 한다.

❸ '원주' 도 잘못 발음하면 '온주' 가 되니 주의하자.

❹ '개최됩니다' 에서는 '최' 와 '됩' 이 이중모음이다. 역시 '체' 로 발음하지 말고 '됩니다' 의 '됩' 을 '댐' 으로 발음해서는 안 된다.

다음의 발음표 역시 옆으로 아래로, 대각선으로 읽어보자. 두세 번으로 그치지 말고 10분 이상 연습해본다.

● 이중모음 발음 연습하기
→

과	궤	괴	귀	괘	궈	긔	↓
놔	눼	뇌	뉘	놰	눠	늬	
돠	뒈	되	뒤	돼	둬	듸	
롸	뤠	뢰	뤼	뢔	뤄	릐	
뫄	뭬	뫼	뮈	뫠	뭐	믜	
봐	붸	뵈	뷔	봬	붜	븨	
솨	쉐	쇠	쉬	쇄	숴	싀	
와	웨	외	위	왜	워	의	
좌	줴	죄	쥐	좨	줘	즤	
촤	췌	최	취	쵀	춰	츼	
콰	퀘	쾨	퀴	쾌	쿼	킈	

톼	퉤	퇴	튀	퇘	튀	틔
퐈	풰	푀	퓌	퐤	풔	픠
화	훼	회	휘	홰	휘	희

여기서 특히 주의할 점은 '의'의 발음이다. '의'의 발음은 많은 사람이 틀리게 발음하고 있다. '의'가 단어의 첫 음절에 나오면 '으이'로 발음해야 한다. 그리고 나머지 '의'는 '이'로 발음하고 소유격을 나타내는 조사 '의'는 '에'로 발음하자. 예를 들면 다음과 같다.

❶ 나의 : [나에]
❷ 정의의 의의 : [정:이에 으이]
❸ 민주주의의 의의 : [민주주이에 으이]
❹ 협의회 : [혀비회]

흥미롭게도 세상에서 가장 먼 거리는 머리에서 발까지라고 한다. 알고 있는 지식을 실천으로 옮기느냐, 머리로만 알고 있느냐 하는 것이다. 발음표만 보고 고개만 끄덕일 뿐 연습하지 않으면, 그리고 생활에 적용하지 않으면 의미가 없다. 반복적인 언습 없이는 절대 발음이 고쳐지지 않는다. 하나의 습관이 되도록 연습을 거듭하자.

아나운서답게 입고 오세요

10년 전, 하루에 9시간씩 일을 하면서 대학원 공부를 위해 일주일에 두 번은 서울로 왔다갔다한 적이 있었다. 논문을 쓰고 졸업하기까지 3년의 시간 동안 나는 항상 지치고 피곤했다. 새벽 방송을 위해 5시까지 출근해야 했고 오후에 퇴근하면 수업 준비와 논문 준비뿐만 아니라 아기까지 봐야 했기 때문에 쉴 틈이 없었다. 그러던 어느 날 로비에 앉아 있는데 평소 친분이 있는 음악 프로그램 DJ가 내게 와서 한마디 거들었다.

"박 아나운서, 왜 아나운서가 항상 그렇게 입고 다녀요? 누가 아나운서라고 그러겠어요?"

뒷말이 더 충격적이었다. 그렇지만 그가 그런 말을 할만도 했다. 실제로 나는 화장기가 거의 없는 맨얼굴에다 청바지와 면 티셔츠 차림으로 옆집 방문하듯 아주 편하게 출근하곤 했다. 라디오 방송은 내용과 목소리로 승부를 걸어야 하고, 의상은 겉치레일 뿐이라며 내 마음대로 치부해버린 것이다. 차려 입을 만한 시간도 여유도 없었던 것이 진짜 변명이기도 하다.

그러나 지금 나의 생각은 많이 바뀌었다. 세월이 흘러서 깨달은 것일까? 분위기에 맞는 옷차림은 상대에 대한 배려이자 나를 대변하는 제2의 언어임을 알게 되었다. 그의 충고가 몇 년이 흐른 뒤에야 내 마음에 와 닿은 것이다.

옷차림은 사람에 대한 평가뿐 아니라 스스로의 태도까지 변하게 한다. 색상이나 디자인이 잘 어울리고 단정한 차림을 하면 보는 사람들의 기분을 좋게 하고 감각을 자극해 자신에 대해 호감을 갖게 한다. 또한 자신도 기분이 좋아져 일의 능률이 오르는 효과까지 있다. 겉모습 때문에 내면을 보여줄 수 있는 기회를 놓친다면 그건 너무나 아쉬운 일이다.

'아나운서' 하면 대부분 단아하고 지적인 이미지를 떠올린다. 따라서 그를 뒷받침해주는 옷차림를 갖춘다면 상대에게 더욱 신뢰감을 주게 될 것이다. 예전에 모 방송사의 국제 뉴스를 다루는 프로그램에서 진행을 맡은 아나운서의 의상이 프로그램 성격에 맞지 않았다는 시청자들의 지적이 있었다. 그녀는 오락 프로그램에서나 볼 수 있는 화려한 색과 노출이 있는 의상, 게다가 눈에 띄는 액세서리를 착용해서 산만한 분위기가 느껴졌다.

이와 같이 옷차림은 또 하나의 언어이며 나를 표현해주는 중요한 요소다. 대문 밖에 발을 내딛는 순간부터 나의 옷차림은 나의 상태를 제공하는 것과 같다는 사실을 기억하자.

얼굴 큰 아나운서의 비애

임산부는 매월 정기적으로 산부인과를 다니면서 태아의 상태를 확인한다. 그리고 진찰 후 간호사가 건네주는 사진 속에서 태아의 머리 크기부터 예민하게 수치를 적어둔다. 나 역시 출산하는 날 신생아의 머리와 얼굴 크기에 매우 민감한 반응을 보였다. 이렇게 된 데에는 나의 어린 시절 배경이 한몫한다.

내 얼굴은 결코 작지 않다. 아니 정확히 말하면 큰 편이다. 상대적으로 얼굴이 작은 세 명의 언니들은 이런 나를 보면서 한마디씩 거들었다.

"넌 앞으로 라면 같은 건 먹으면 안 되겠다. 와, 정말 크다!"
"거울이 더 작네? 우리 못난이를 어디서 주워왔을까?"
"너 몰라? 엄마가 다리 근처에 다녀오셨잖아. 거기서 데려왔어."

중학교 시절에는 이런 일도 있었다. 복도에서 급히 달려온 친구가, "진영아, 윤리 선생님이 너를 찾으시는 것 같아. 얼굴 넓적하고 똑똑한 아이라던데? 그럼 너잖아"라고 말했다. 그랬다. 선생님이 나를 찾으신 게 맞았다. 새 학기라 이름을 기억 못하셨던 선생님은 나의 인상착의를 아이들에게 설명해주며 교무실로 데려오라고 하셨던 것이다. 백일장 참가를 권유하기 위함이었지만 난 참가 자체를 거부하고 싶을 만큼 선생님께 서운했다. 그리고 어려서부터 지금까지도 심심치 않게 들었던 '크다', '넓적하다'는 형용사는 나의 가슴을 깊이 후벼 팠다.

어른이 된 지금에도 나는 어느 누구에게는 "얼굴 넓적하다", 혹은 "얼굴 크다"라는 말을 절대로 하지 않는다. '넓적한 그릇'이란 표현도 쓰지 않는다. 막내아들은 아직 세 살이지만 다행히 가수 김현중처럼 얼굴이 작다.

누구나 듣기 싫어하는 말이 한두 개쯤은 있을 것이다. 우리가 사용하는 말은 다른 이의 기분을 좋게도 하고 나쁘게도 한다. 나쁜 말을 들을 때 상대방도 기분이 별로지만 말하는 이의 표정을 보면 역시 입도 비뚤어지고 찡그러지면서 미운 얼굴로 변해 있음을 발견할 수 있다. 가뜩이나 주름이 많아 고민하는 사람에게 위로를 한다며 "주름이 자글자글하시네요. 고생을 많이 하셨나봐요"라고 한다면 그건 관심이 아니라 나쁜 말일 뿐이다. 기분 좋은 말을 사용하는 습관을 갖도록 하자. 덩달아 얼굴도 예뻐지지 않을까?

아나운서의 직업병

15년의 방송생활은 내게 여러 가지 직업병을 가져다주었다. 첫째, 항상 긴장한 상태로 불규칙적인 식사를 한 탓에 위장병을 데리고 사는 신체적인 증상이다. 아나운서는 잘해야 본전이라는 말이 있다. 방송을 잘하면 아나운서니까 당연한 것이고 못하면 아나운서가 무슨 그런 말을 하느냐며 입방아에 오르내리기 쉽다.

　말실수하지 않으려는 부담으로 마이크 앞에 서거나 앉으면 얼마나 가슴이 떨리고 숨이 막히는지 한두 번 서본 경험이 있는 사람들은 이해할 것이다. 이제 익숙할 때도 되었는데 막상 마이크를 보면 심장이 뛰는 것은 여전하다. 스트레스를 많이 받거나 피곤할 때는 어김없이 방송사고의 주인공이 된 꿈을 꾸기도 한다. 그런 날은 더욱 긴장을 하며 방송을 준비한다.

　어느 개그맨이 "아나운서들과 회식을 한 적이 있는데요. 다들 만취상태였는데, 그래도 발음은 정확해서 놀랐습니다"라고 한 적이 있다. 그만큼 아나운서들이 일상에서도 긴장을 하고 있다는 증거이다.

　둘째, 상대방의 발음에 언제나 귀를 기울이게 된다. 대상은 상관없다. 잘못된 발음을 들으면 공기청정기의 필터처럼 정화를 시켜야 직성이 풀리곤 한다. 어느 선배 아나운서는 마치 국어 선생님처럼 틀린 단어가 금방 눈에 띄고 발음이 너무나 귀에 잘 들어와 혼자 괴로워하며, 지적해주고 싶어 안달이 난다고 하니 나만의 증상은 아닌 게 확실하다. 한번은 남편과 의견이 맞지 않아 다투던 중, 심각하게 "여보, '꽃을'의 발음은 '꼬슬'이 아니라 '꼬츨'이라고 해야지!"라고 말하기도 했다. 그러자 남편은 어이없다는 듯이 피식 웃고 말았다.

　어느 아나운서 지망생은 출근하는 버스 안에서 자꾸 자신의 몸에 손을 대는 남자에게, "지금 어디를 만지시는 거예요?" 하고 소리를 빽 질렀는데, 그 남자가 "아, 저기, 궁뎅이요"라고 하자, "궁뎅이가 아니라 엉덩이죠" 하며 말을 고쳐줬다고 한다. 상황은 끔찍하지만 그녀의 답변은 정말 아나운서 지망생다웠다. 심지어 어느 여자 아나운서는 출산 후의 인터뷰에서 "아기가 응애응애 정확한 발음으로 운다"고 말해 주위를 깜짝 놀라게 했다. 그만큼 발음에 민감하다는 증거일 것이다.

셋째, 일상생활에서도 방송하듯 말하는 습관이 있다. 수습 시절 평상시 말투도 생방송처럼 하듯이 열심히 연습했던 적이 있는데 그 습관이 지금도 남아 있어서 간혹 이런 이야기를 듣는다.

"제가 꼭 인터뷰 당하는 느낌이 드네요. 방송처럼 말하지 마시고 평상시대로 말씀해주세요. 하하하."

또 날씨에 대한 동료와의 대화에서도 정확한 발음으로 얘기한다.

"오늘 날씨 정말 후텁지근하죠? 그래도 낮 한때 소나기가 내린다고 해요. 비의 양이 5밀리미터 내외여서 우산은 따로 준비하지 않으셔도 되겠네요."

넷째, 침묵을 참지 못한다. 흔히 방송에서는 4~5초 이상 침묵이면 방송 사고로 본다. 그래서인지 생방송이 아닌데도 불구하고 다른 사람과의 대화가 중단되지 않도록 다음 질문들을 속으로 준비해두는가 하면 중간에 말이 끊어지고 어느 순간 침묵이 시작될 때에는 바로 분위기 조정 국면으로 들어가 질문을 하기 시작한다.

여럿이서 이야기하는 자리에서는 토론 진행자가 되어 이 사람 저 사람에게 돌아가며 질문하고 "아, 그렇군요. 그래서 어떻게 됐습니까?" 식의 추임새까지 넣는다. 아무 말도 하지 않고 있으면 그에게 직접 말을 걸기도 한다. 게다가 헤어질 때는 "바쁘신데 이렇게 시간을 내주셔서 정말 감사합니다" 정도의 감사의 표현으로 마무리한다. 이 정도면 나도 방송을 하고 있는 건지 대화를 나누는 건지 착각이 들 때가 있다.

다섯째, 바로 시간에 대한 강박증이다. '혹시 뉴스 시간 펑크 나는 것은 아닌가? 내 시계가 맞나?' 하는 생각으로, 자다가도 그냥 일어나지 않고 놀란 토끼처럼 벌떡 일어나 시계부터 본다. 한번은 너무 심하게 벌떡 일어나 뒷목을 다쳐 병원에 간 적도 있다. 그때는 신데렐라처럼 시계만 보고 살아야 하는 것이 운명이라고 생각했었다.

'병'이라고 표현했지만 이 모든 것이 나의 행복한 비명이다. 위장병에, 강박증까지 결코 좋지만은 않은 선물도 있지만 시계를 보며 긴장을 늦출 수 없는 오늘이 있어 뿌듯하기만 하다.

아나운서는 건강해야 한다

방송인이 갖춰야 할 가장 중요한 것이 건강이다. 건강한 몸에 건강한 정신이 깃드는 것처럼 건강한 목소리를 내는 원동력이기 때문이다. 건강한 목소리는 윤기가 있고 표정이 밝아서 편안하게 전달할 수 있다. 몸이 피곤한 상태면 목소리에 그대로 실려 전해진다. 따라서 목 관리 이전에 몸 관리가 필요하다.

특히 이른 아침에 방송을 할 때는 더욱 신경을 써야 한다. 하루를 여는 시간에 가라앉은 소리나 탁한 소리로 방송하면 청취자는 당연히 불편함을 느낄 수 있다. "청취자 여러분, 제가 감기 걸린 목소리로 진행해서 죄송합니다" 등의 사과는 불필요하다. 아나운서는 감기 걸릴 권리도 없다는 선배의 말이 귓전에 빙빙 돈다.

맑고 활기찬 목소리를 위해서는 최소한 방송 3시간 전에 일어나야 한다. 몸이 깨어 있어야 목소리도 깨어 있다. 그래서 찬물로 세수를 하기도 하고 고릴라의 하품처럼 입모양을 크게 벌렸다가 입 속의 공기를 빨아들이면서 발성 연습을 하기도 한다. 심지어 마른 오징어를 질경질경 씹으며 얼굴 근육을 푸는 이도 있다.

한때 나는 한겨울을 나는데 4~5번 감기에 걸릴 만큼 면역력이 약했다. 보통 보름 정도가 지나야 감기가 몸에서 떨어지니 거의 감기를 달고 사는 편이어서 그저 내 몸에 놀러온 친구려니 여기며 마음을 다스려야만 했다.

감기에 걸리면 가장 먼저 발각되는 것이 전파를 타고 나오는 목소리의 변화다. 콧소리가 나고 심해지면 갈라지는 목소리까지 나서 진행하는 나도 힘들지만 듣는 청취자도 답답해할 것이 걱정되어 더욱 스트레스를 받는다.

"세상에 아나운서가 저렇게 아픈데, 뉴스를 진행하게 하나요? 대신해줄 수도 없고……."

이런 항의 전화를 받는가 하면, 생강차와 모과차를 정성스레 달여서 방송국으로 보내는 청취자도 있고 직접 찾아와 수지침을 놔주는 고마운 청취자도 있어 고맙기는 하지만 이것 또한 민폐이니 송구스러운 마음을 금할 길이 없었다. 상태는 하루 빨리 나아져야 하는데도 급해지는 마음이 스트레스가 되어서 어느새 기침과 가래까지 찾아왔다.

헛기침을 해서라도 목을 개운하게 만들고 싶지만 그러면 소리가 더 나오지 않는다. 대신에 크게 호흡을 하는 것이 좋다. 큰숨을 들이마시고 내쉬기를 반복한다. 보통 목을 편안하게 쉴 수 있도록 말을 하지 않는 것이 최고의 방법이지만 방송인들은 밀폐된 스튜디오 공간에서 두 시간씩 방송을 하기 때문에 잘 낫지 않는다.

신기한 것은 방송 중에는 기침이 나오지 않는다는 점이다. 고도의 긴장을 하다 보니 기침도 사라져준 걸까? 그러나 끝이 아니었다. 방송이 끝나기 무섭게 다시 기침을 하고 만다. 나는 이 세상에서 감기, 특히 목감기가 가장 무섭다.

지금 생각하면 감기에 걸리지 않도록 10년 넘게 목에 수건을 두른 채 잠들고, 사람들이 많이 모이는 극장이나 백화점 등 공공장소는 물론이고 노래방까지 가지 않을 만큼 몸을 사리며 살아왔던 것이 오히려 더 나를 위축시키고 약하게 했던 것은 아니었나 싶다. 건강한 자의 사치스러운 발언일까?

아나운서가 싫어하는 말

컨디션이 좋지 않은 날은 말실수가 있을 가능성이 높기 때문에 더욱 조심해야 한다. 하루는 평상시처럼 뉴스를 하고 나오는데 어느 청취자의 전화를 받았다. 뉴스 내용 중에 '경찰의 자질을 높이기 위해서'라는 부분을 제대로 읽으라는 요구였다. 그는 '자질'의 발음이 이상하게 들린다면서 오히려 '자'를 뺀 채로 읽는 것이 좋지 않겠느냐는 대안까지 제시하는 대범한 청취자였다. 전화를 한 청취자의 직업도 궁금하고 도대체 무슨 의도로 이러는지 할 말이 없었다.

그래도 고맙다는 말을 전하고 전화를 끊었지만 그럼 '질'이라는 단어는 괜찮은가? "경찰의 질을 높이기 위해서……." 이는 더욱 민망하다. 트집을 잡으려면 끝이 없는 것이다. 특히 '좌지우지'란 표현을 할 때에는 아주 신경 써서 이중모음을 발음하는데도 키득키득 웃는 사람이 더러 있다. 그렇다고 내가 이상야릇한 상상을 하는 상대방의 무의식까지 통제를 할 수 없는 노릇이 아닌가.

방송인이라면 '18번'이라는 표현은 쓰지 않는다. "김 부장님의 18번은 무슨 노래입니까?"라고 해서는 안 된다. '18번'의 어감도 이상할뿐더러 이는 일본말이다. 습관이 되면 고치기가 쉽지 않기 때문에 자꾸 의식을 하면서 연습을 해봐야 한다. 이제 '18번' 대신에 '애 창곡', '가장 즐겨 부르는 노래'로 바꿔 쓰도록 하자.

　방송에서 금하는 표현 중에 하나가 '및'이다. '서울 및 경상도 지역'이라고 하지 않고 '서울과 경상도 지역'이라고 해야 한다. '및'은 밑으로 들려서 역시 어감이 좋지 않아 다음과 같이 '와'나 '과'로 대체한다.

"순국선열 및 호국영령에 대한 묵념이 있겠습니다."
→ "순국선열과 호국영령에 대한 묵념이 있겠습니다."

　가능하면 시비가 되지 않는 어휘를 선택하는 것이 가장 최선이다. 말을 수단으로 하는 직업이 다 그렇겠지만 한두 마디의 실수 때문에 마음 졸이면서 매순간 긴장하며 살아야 하는 것이 아나운서의 숙명이다.
　아나운서가 실수라도 하면 사람들은 아주 흥미로워한다. 한 예로 모 방송국의 주말 예능 프로그램에서 MC인 모 아나운서와 여자 진행자가 한 개그맨이 급성 간염으로 입원한 사실을 전하면서 웃음을 보였다. 탤런트인 여자 진행자는 "과로를 하신 것 같은데 건강 챙기시기 바란다"며 입가에 미소를 머금었고, 뒤를 이어 남자 진행자는 "다른 사람이 아프다면 걱정이 되는데 이 분은 입원했다고 하니 웃기다. 쾌유하길 바란다"고 했다.

그러자 이를 본 시청자들과 누리꾼들은 시청자 게시판을 통해 "사람이 아프다는데 장난 같은가 봐요?"라고 반문하며 두 진행자의 태도를 지적했다. 아무리 대중을 웃기는 개그맨일지라도 아파서 누워 있는 상황을 전달하는 진행자의 웃는 표정은 어울리지 않는다는 지적이었다.

프로이드는 모든 행동에는 원인이 있다고 했다. 몸짓, 자세, 말실수, 습관 등을 통해 우리의 가장 깊은 내면에 담긴 무엇인가가 표출된다고 주장한다. 따라서 이 프로그램 진행자들의 말실수나 표정을 들여다보면 맡고 있는 프로그램이 연예 오락 프로그램인 만큼 즐겁게 진행하려는 의도가 강하다 보니 그런 실수를 한 것 같다. 그렇다고 실수가 정당화되는 것은 결코 아니다. 매 순간 긴장을 하며 불필요한 태도와 표정은 하지 않아야 한다.

다음은 어느 재야인사의 사망 소식을 들은 청취자의 소감을 인용한 것이다.

추운 겨울밤이었어요. 〈9시 뉴스〉를 통해 그분이 돌아가셨다는 아나운서의 냉정한 소리를 들었습니다. 저는 정말 믿을 수가 없었어요. 뉴스가 가끔 오보를 하듯이 저는 그것이 거짓말일 거라고 생각했습니다. 그리고 아나운서의 목소리는 왜 그렇게 차가운지, 마치 아무 일도 아닌 것처럼 그렇게 메마르게 읽어 내려갈 수 있는 건지, 전 그

날 이후부터 아나운서라는 직업을 그다지 좋아하지 않게 됐습니다.

이 글을 읽으면서 만감이 교차했다. 아나운서는 수많은 대중이 주목하는 자리에 선다. 뉴스의 특성상 자신의 감정을 자제하고 진행해야 하는 것이 기본이지만 청취자의 글에도 위로의 뜻을 전하고 싶다.

사람들은 어떤 정보가 자신의 무능이나 약점을 나타낼 것 같으면 흔히 침묵하며 또 자신의 무능이나 약점과 아무런 상관이 없을지라도 직접 부정적인 메시지를 전달하는 메신저가 되고 싶어 하지 않는다. 그래서 타인에게 나쁜 소식을 함구하고 전달하지 않으려고 한다. 이러한 현상을 '침묵 효과(Mum Effect)' 라고 한다. 그러나 아나운서는 오늘도 절제된 표정관리를 하며 궂은 소식도 전해야 하는 사명감으로 일하고 있다. 예쁘게 봐줬으면 좋겠다.

Talk Talk 그녀의 칭찬법 엿보기

어느 날 제자가 공자에게 물었다.
"선생님, 사람을 어떻게 칭찬하는 것이 가장 좋습니까?"
그러자 공자는 "그림자 칭찬이 있지"라고 대답했다.
"그림자 칭찬이 도대체 무엇인지요?"라고 제자가 되묻자, "주변에서 그러더군. 자네는 반드시 큰일을 할 사람이라고 말야"라고 답했다고 한다.

공자의 마지막 말처럼 "자네는 반드시 큰일을 할 사람이야"라고 직접적으로 이야기하는 것보다 "주변에서 그러더군"처럼 간접적으로 칭찬하는 법을 '그림자 칭찬'이라고 한다. 그림자 칭찬을 하면 제자는 자신이 큰일을 할 사람이라고 칭찬해준 당사자보다 그 말을 전하는 공자에게 더 큰 고마움과 호의를 느끼게 된다. 칭찬을 전하는 사람의 의견은 거의 반영되지 않고 단순히 전달에 그쳤지만 효과는 기대 이상으로 크다. 좋은 소식을 전하는 사람은 얼굴도 예쁘게 보이는 것처럼 잔잔하면서도 여운을 남기는 큰 효과를 볼 수 있다.

과거나 지금이나 칭찬의 위력과 효과, 그리고 중요성이 거듭 강조되고 있다. 그러나 실생활에서 상황에 맞게 제대로 쓰는 사람은 그리 많지 않다. "까닭 없이 칭찬하는 사람을 경계하라"는 일본 속담에서도 알 수 있듯이 누군가의 호감을 사고 누군가를 설득하기 위해 무조건 칭찬하다 보면 아첨에 가깝게 되고, 듣고 있는 옆 사람도 민망해질 수 있다. 칭찬의 대상도 오히려 불쾌할지도 모른다. 이런저런 계산에 칭찬하기를 포기해 버리기도 한다.

그러나 "내가 원래 칭찬 같은 거 잘 안하잖아?"라고 말하고 아부 같은 것은 딱 질색이라며 정의로운 자신을 자랑스러운 듯 말하는 사람도 내심 칭찬 잘하는 사람을 보면 부러워하는 이중성을 갖고 있다.

우리는 왜 칭찬을 받고 싶어 하고, 또 하고 살아야 할까? 바로 인간의 욕구충족 때문이다. 누구에게나 자기 존엄을 지키며 인정받고자 하는 욕구가 있다. 이를 충족하게 되면 사람은 더욱 기분이 좋아지고 살맛이 나게 된다. 누군가로부터 칭찬 한마디 듣고 싶어서 애쓰고 노력했던 경험이 있었을 것이다. 내가 하는 칭찬이 상대방에게 이처럼 큰 위력을 발휘한다. 이제 마음껏 칭찬을 해보자. 다른 사람들을 끌어내리지 말고 들어 올려주자.

기자들은 있는 사실을 그대로 전해야 하고 때로는 비판의 소리를 아끼지 않아야 하는 반면에 아나운서들은, 프로그램 성격에 따라 다르겠지만, 비교적 칭찬을 많이 하는 편이다. 스튜디오 안에서, 혹은 마이크 앞에서 긴장하지 않는 사람은 거의 없다. 패널이나 인터뷰이로 초대받은 그들도 속으론 떨고 있다. 따라서 의도적이긴 하지만 인터뷰 대상자의 말이 술술 잘 나올 수 있도록 하는 것이 진행자의 의무이기도 하다. 이를 잘 수행하게 해주는 것이 부드럽고 상냥한 말과 칭찬이다.

"연사님, 이 아나운서의 말은 방송용 멘트니까 너무 좋아하지 마시고 조금만 믿으세요."

허를 찌르는 스태프의 말에 무색하기도 했지만 완강히 부정할 수 없는 게 사실이다. 그러나 최소한 진정성을 담아 칭찬한다는 점을 알아줬으면 좋겠다. 방송 원고를 숙지할 때도 인터뷰 대상자의 칭찬을 찾기 위해 커다란 마음의 돋보기를 항상 준비하고 있다는 점을 말이다.

나도 그림자 칭찬을 즐겨한다. 예를 들어, "많은 청취자들이 좋아하고 만나고 싶어 하는 분을 모셨습니다", "학생들 사이에서 이 교수님의 인기가 대단하다고 들었습니다", "주민들의 얘기를 들어보니 우리 ○○○ 사장님은 참 인자하고 이웃에게 도움과 배려도 잘하는 훌륭한 분이라고 하던데 그동안 좋은 일을 많이 하셨나 봐요?" 하는 말 한마디에 사람들은 입가에 미소를 짓기도 하고, 쑥스러워하면서도 얼굴 근육이 편안해지는 등 마음이 조금씩 열리기 시작한다는 것을 느끼게 된다. 물론 인터뷰도 한결 잘된다.

조그마한 것이라도 그 사람의 장점을 찾아 표현해주는 것이 직업이다 보니 어느새 칭찬은 나의 습관으로 자리 잡았다. 지금도 누군가를 만나면 무의식적인 의무감에 그의 칭찬 거리부터 찾아 상대에게 살짝 전해준다. 칭찬하는 것이 쑥스럽다면 이렇게 그림자 칭찬을 해보자. 연습은 다음과 같이 나의 가족에게 가장 먼저 해보고 수시로 하는 것이 좋다.

"우리 친정어머니가 당신은 정말 좋은 사람이라고 친척들에게 말씀하셨어."

"어머니, 며느리에게 어떻게 하셨기에 아내가 어머니를 가장 존경한다고 해요?"

"아빠가 그래도 너밖에 없다고 하시더라."

나도 칭찬을 들으면 정말 쑥스러워서 손사래를 치며 아닌 척해도 속으로 덩실덩실 춤을 춘다. 상대의 마음이 상처를 입고 아파하고 있다면 마음의 묘약인 칭찬으로 마음을 위로해주자. 서서히 회복이 될 것이다.

칭찬을 싫어하는 사람이 있을까? 나폴레옹은 칭찬을 싫어했다고 한다. 하는 것도, 받는 것도 싫어한 나폴레옹에게 어느 부하가 이렇게 말했다.

"저는 장군을 존경합니다. 왜냐하면 장군께서는 칭찬같이 입에 발린 말 따위는 질색으로 여기시기 때문에 그렇습니다. 장군!"

이 말을 들은 나폴레옹은 아주 흡족해했다고 한다. 나폴레옹의 어색한 미소가 자꾸 떠오른다.

Chapter 5

말 잘하는
그의 숨은 비법

다른 사람들의 경험을 고찰하고 배우는 것은 항상 그만한 가치가 있다. 대다수의 전문직종은 실무에 앞서 연수 기간을 두고 있는데 이 기간은 열정을 가진 사원들이 노련한 베테랑을 그림자처럼 따라다니며 다년간의 경험과 축적된 지혜를 배우는 귀중한 시간이다. 스포츠에서 흔히 신인 선수는 벤치에 앉아 경험이 많은 선배들을 보며 배운다. 수습 아나운서들도 스튜디오 밖에서 선배 아나운서가 진행하는 모습을 모니터하며 간접적으로 배운다.

히포크라테스에 대한 의사들의 애정이 각별한 만큼 방송계, 특히 아나운서들은 데모스테네스를 존경하는 이가 많다. 나도 데모스테네스를 직접 만나보고 싶을 만큼 좋아한다. 그는 고대 그리스에서 가장 뛰어난 웅변가였고 그의 연설문은 아테네의 귀중한 자료가 되었다.

데모스테네스는 플라톤이나 아리스토텔레스와 같은 시대의 인물이다. 그는 아주 부유한 가정에서 태어났지만 심각할 정도로 말을 더듬었다. 일곱 살 때 아버지가 죽고 많은 유산을 받게 되었으나 믿었던 사람들에게 횡령당하고 스무 살이 되었을 무렵에는 거의 모든 재산을 잃게 된다. 가진 기술이나 직업도 없었고 어떤 방면에서도 성공할 가망성을 거의 찾기 힘든 상황이었다. 게다가 그는 몸이 아주 약했다. 전통적인 그리스의 체육을 교육받지 못할 만큼 몸이 좋지 않았으며 발음도 정확하지 못하고 더듬기조차 했다.

그런데 그는 자신의 약점을 극복하기 시작했다. 사람들을 만나지 않기 위해 스스로 머리카락을 절반이나 깎은 뒤 지하에 서재를 만들어 그곳에서 발성 연습을 했다. 그리고 종종 바닷가로 가서 입안에 조약돌을 가득 채워 넣은 다음 파도가 칠 때마다 더 크게 소리치곤 했다. 달리기를 할 때나 숨이 찰 때는 시를 암송하고 커다란 거울 앞에서 끊임없이 연습을 했다. 이렇게 죽기 살기로 열심히 훈련을 했으나 민회에서 행한 최초의 연설은 청중들로부터 야유와 비웃음을 사고 말았다. 그러나 데모스테네스는 여기서 좌절하지 않는다. 다시 계속된 훈련으로 결국 그의 삶을 변화시켰다.

그리스의 역사를 열심히 공부해 역사적으로 비슷한 사건들을 연설에 인용해 사람들의 심금을 울리는 효과를 올렸다. 그는 언어 구사력을 높이고 충분히 이해하기 위해 '펠로폰네소스 전쟁사'를 무려 8번이나 되풀이해 베껴 썼다고 한다. 게다가 매우 부지런해 낮에 들은 연설과 대화를 집에 돌아가서 밤늦게까지 다시 검토해보며 여러 가지로 가정해보는 습관이 있었다. 그 결과 그는 사람들이 먼 거리에서도 그의 연설을 듣기 위해 찾아올 정도로 훌륭한 웅변 정치가가 되었다.

나는 힘들고 지칠 때면 항상 온갖 시련을 겪은 데모스테네스를 떠올린다. 부족한 환경일지라도 데모스테네스의 피나는 노력을 기억해야 하는 이유가 여기에 있다. 우리의 약점을 극복하고 재능을 발전시키기 위해서 열심히 노력하는 것은 가치 있는 삶에 정말 중요하다. 데모스테네스는 썩 괜찮은 남자다.

내가 이들의
팬인 이유

손석희의 수상 소감은 뭔가 달랐다

〈손석희의 시선집중〉으로 지난 2009년 라디오 부문 최우수상을 수상한 손석희 성신여대 교수는 무대 위에서 수상소감을 이렇게 전했다.

"밤새 열심히 일하시고 저희 프로그램을 만나주신 여러분 고맙습니다. 아침 일찍 일어나셔서 하루를 저희 시선집중과 함께 출발해주신 여러분 고맙습니다. 세계 각지에서 인터넷 라디오 '미니'로 시선집중을 듣고 계시는 여러분 역시 고맙습니다. 다시 듣기로 시선집중을 듣고 계신 여러분 고맙습니다."

철저하게 자신과 함께한 청취자들에게 공로를 돌리는 그의 겸손하고 담백한 소감이었다. 그러나 그가 말한 소감은 날마다 듣는 내용이다. 아침 6시가 되면 라디오를 통해서 진행을 시작하는 그는 방송 앞부분에 날을 새워 일하신 분들과 이른 새벽에 일하러 나오시는 분들에게 항상 감사의 인사를 잊지 않는다. 신기한 것은 이른 아침 그의 인사를 들으면 왠지 그의 격려의 목소리로 보상받은 느낌이 들어 피로가 눈 녹듯이 사라지고 만다는 사실이다.

그의 수상어록은 2006년 최고의 라디오 진행자로 선정됐을 때도 남달랐다.

"이 상의 33퍼센트는 저의 제작진께 드리겠습니다. 또 33퍼센트는 저와 인터뷰하느라 고생했던 인터뷰이들에게, 33퍼센트는 청취자 여러분께 보내겠습니다. 그리고 나머지 1퍼센트는 저와 가족들이 가져가겠습니다. 고맙습니다."

지켜보던 이들의 힘찬 박수를 받으며 그는 무대에서 내려갔다. 사적인 자리에서조차 일관된 모습을 보인다는 그가 과연 스트레스는 어떻게 풀까, 평소의 행동조차 부담스럽지는 않을까 하는 연민까지 만들어냈다. 대학가 특강에 참석해서 만난 그는 TV에서 본 만큼 단정하고 언변에 뛰어났으며 강의도 깔끔하게 진행했다. 학생들의 질문에도 성의 있게 답했으며, 간혹 주제와 벗어나면 과감히 잘라내는 '손석희' 다운 진행으로 학생들의 박수갈채를 받았다.

돌아오면서 그가 대한민국에서 가장 영향력 있고 믿음이 가는 사람으로 존경받을 수밖에 없겠다는 생각이 절로 들었다. 결코 가식적이지 않은 철저한 철학과 소신 있는 그의 간결하고 깔끔한 목소리가 귓가에 맴돌았다. 아마도 그건 자신이 한 말에 대해서는 꼭 지키려고 노력하는, 차가운 이성과 따뜻한 감성을 동시에 가졌기에 가능했을 것이다. 끊임없이 자신을 가다듬는 손석희 교수는 그래서 아나운서들이 가장 존경하고 부러워하는 선배이기도 하다.

김미화의 따뜻한 인터뷰 스타일

자그마한 체구, 또박또박 정중한 말투, 진지한 대화 속에서 간간히 배어나오는 본능적인 유머 감각의 소유자 김미화! 일자 눈썹의 순악질 여사, 그래서 그녀가 시사 프로그램의 진행자가 되는 것에 대해 처음에는 말도 많았다.

"사실 시사에 관심도 없었고요. 그래서 처음에 많이 망설였는데 교양이라든지, 시사 이런 것을 너무 어렵게 생각하는 분들을 위해서 같은 입장인 제가 그걸 쉽게 풀어주면 오히려 그런 쪽에 사람들의 관심을 더 넓힐 수 있게 되지 않을까 싶어서 용기를 냈는데 사실 지금도 어려워요."

그녀의 용기가 고맙다. 기획의도대로 시사 프로그램이 변하기 시작했다. 나는 저녁마다 김미화 씨의 얘기를 듣고 있으면 난롯가에 손을 대고 있는 느낌처럼 따뜻하다. 실제로 김미화 씨가 친절하게 질문하는 것이 부럽다고 말한 손석희 씨도 "〈시선집중〉에 나오는 패널들은 아주 굳어서 말하는데, 거기(김미화 씨 프로그램)만 나가면 우리 프로에서 안 하던 말들도 잘한다. 대단한 능력이라 생각한다"고 말한 적이 있다. 정말 김미화 씨만의 능력이다.

그녀의 노하우는 모르는 건 모른다고 하고, 아는 건 안다고 하는 것이다. 솔직한 모습에 모두들 긴장과 권위도 벗어던지고 만다. "그냥 옆집 사는 아줌마처럼 느껴지죠?"라고 말하는 그녀의 모습에서 우리는 삶의 위로를 받고 있는지도 모른다. "한마디 한마디가 조심스러워요. 진행을 하다가 이쪽 이야기를 하면 저쪽에서 뭐라고 하고, 반대로 저쪽 이야기를 하면 이쪽에서 오해를 하고, 그것이 어렵다는 것을 알았어요"라고 말할 때에는 출연자들의 아픔을 어루만져주는 따뜻한 목소리를 가진 걸 알 수 있다. 김미화만의 스타일을 보여주고 있는 것이다. 다음은 방송의 일부분이다.

"사실 이거 생방송이기 때문에 … 저도 의원님 나오신다고 해서 … 첫 아이 가졌었는데, 그때 6개월 만에 아이를 잃었는데요. 굉장한 죄책감이 있어요. 그 아이를 살렸으면……"

상대방의 진솔한 모습을 듣기 전에 자신부터 고백을 하는 예우를 갖춘다. 자신의 낙태 경험을 공개한다는 것은 진행자로서 결코 쉽지 않을 텐데 눈물 섞인 그녀의 솔직담백한 목소리는 그래서 정말 감동적이다. 나눔을 아는 진행자이다.

"우리가 칭찬을 받으면 기분이 좋잖아요. 그런데 늘 받기만을 원하죠. 그래서 저는 무엇을 주는 사람이 되어야겠다고 생각했고, 그중에 웃음을 주는 사람이 되고 싶어요."

웃음을 나누고 배움을 나누고 정을 나누겠다는 그의 목소리에는 큰언니 같은 정이 듬뿍 묻어 있었다.

배우 김명민의 목소리 비결

연기자에게 발음과 발성은 기본적인 입문 과정이다. 정확한 발음과 적절한 목소리만 갖춰도 배우의 존재감은 매우 달라진다. 발음이 좋지 않으면 말하는 사람이 어리바리하게 보일 수 있으며 극중 인물과 어울리지도 않아 드라마에 몰입하기도 어렵다. 그래서 10년이 지나도 발전이 없는 똑같은 발음으로 대중들에게 기본기 논란까지 지적받는 연기자도 있다.

발음은 시간이 흐른다고 좋아지는 것이 아니다. 노력하지 않으면 그 자리 그대로다. 발음과 발성이 좋다면 시청자들은 그 연기자에게 압도되어 쉽게 호감을 갖게 된다.

나는 배우 김명민을 좋아한다. 안정된 발음과 발성에서 나오는 멋진 목소리. 보고만 있어도 내가 이룬 성과인 양 흐뭇한 마음을 갖게 하는 배우다. 드라마 〈불멸의 이순신〉과 〈베토벤 바이러스〉, 그리고 영화 〈내사랑 내곁에〉에서 그가 보여준 연기가 돋보이는 것은 아마도 목소리가 주는 흡인력 때문일 것이다. 그는 매력 있는 목소리를 위해 발음 연습을 하루도 빠뜨리지 않는다고 한다.

"아침에 일어나면 화장실에 가면서 입에 볼펜을 물고 신문을 읽어요. 습관이 돼서 지금도 하고 있습니다."

발음이 정확해야 하는 아나운서도 수습 시절을 제외하고 날마다 발음 연습을 하지는 않는다. 김명민은 연기 생활이 몇 년인가? 15년이 넘는 경력에 화려한 연기 등극에 올라 이제는 연습을 하지 않아도 될 것 같은데도 발음 교정을 위해 여전히 입에 볼펜대를 물고 산다.

CF에서도 자주 볼 수 있는 김명민. 그가 하는 말은 다 옳은 소리일 것 같은 신뢰감을 준다. 기업에서는 당연히 소비자에게 호감을 주는 김명민의 목소리를 그냥 둘 리 없다. 김명민의 생각은 그의 발음만큼이나 확고하다.

"평소 90퍼센트의 재능을 가지고 있어도 10퍼센트의 노력이 없으면 50퍼센트의 재능을 가지고 꾸준히 힘쓰는 사람에게 뒤처진다고 생각합니다. 저는 작품을 할 때마다 '이게 아니면 죽는다', '이게 마지막이다' 라는 생각을 합니다."

이렇게 말하는 그의 표정이 정말 신중하다. 한때는 배우로 두각을 보이지 못해 이민까지 생각했다고 한다. 김명민이 위대한 이유는 연기에 충실했을 뿐만 아니라 겸손하고 자신의 결점을 기꺼이 인정하며 철저히 준비해왔다는 데 있다. 오늘도 그는 발음 연습 중이다.

김연아 선수의 당당한 목소리 비결

가장 당당한 목소리의 주인공은? 단연 김연아 선수이다. 올림픽 경기 전후 계속되는 인터뷰를 보면서 나는 그녀의 목소리를 유심히 관찰했다. 그렇게 당당할 수가 없었다. 스무 살 선수가 어른들도 배우고 싶어 할 만큼 정말 대담하고 당당한 목소리를 냈다.

"제가 이번에는 연습에서 아주 잘해왔기 때문에 확신이 있었습니다."

"연습하고 준비하는 데 충분한 시간이 있었고 그래서 올림픽이라고 흔들리거나 예민해져 있지는 않았습니다. 편안한 마음으로 할 수 있었고 덕분에 경기를 즐겼습니다."

"저는 한 동작을 익히기 위해서 만 번을 연습합니다."

김연아 선수의 말이다. 눈물이 날만큼 감동적인 내용들이다. 타고난 대담함도 있겠지만 그 밑바탕은 자신이 흘린 땀과 눈물, 그리고 잠 못 자고 투자한 시간과 포기한 즐거움 등 모든 것이 합쳐져 나온 자신감에서 만들어졌기에 그녀의 목소리는 더욱 당당했다.

과학적으로도 증명이 됐다. 충북 도립대 생체신호분석연구실 조동욱 교수는 김연아 선수의 목소리를 분석한 결과를 발표하는 자리에서 "김연아의 평소 목소리와 신기록 달성, 시상식 직후 목소리를 분석한 결과 어떤 상황에서도 속마음을 최대한 자제할 줄 아는 대담하고 절제된 성격의 소유자임이 확인됐다"고 밝혔다.

보통 일반 사람들은 흥분할 때나 기쁠 때 말이 급해지기 때문에 안정도 값이 크게 낮아지는데 김연아는 오히려 냉정했던 것으로 나타났다. 김연아는 라이벌 아사다 마오에 대해 평가할 때와 금메달을 목에 건 직후에 목소리 안정도가 평소보다 더 안정적이었다고 한다. 역시 목소리도 금메달감이다.

그녀의 목소리는 나약한 사람들에게 굳은 의지를 심어주는 메신저가 되었다. 나 역시 이 책을 끝까지 쓰고 싶은 강한 의지가 생겼으니 말이다. 그녀는 힘든 시기마다 '이것 또한 지나가리라' 라는 글귀에서 위로와 힘을 얻으며 '고통 없이는 아무것도 얻을 수 없다' 는 사실을 늘 염두에 둔다고 한다. 김연아 선수와 같은 스포츠 선수들에게 우리는 배울 것이 참 많다.

두려움은 '말하기' 에 치명적인 적이다. 그녀처럼 당당한 목소리가 부럽다면 오늘도 힘을 내어 연습을 하자. 언제 어디서 노력하겠다는 멋진 계획보다는 지금 여기서 연습하자. 자, 발음 연습 시작!

나비처럼 날아서 벌처럼 쏘겠다

뛰어난 권투선수 소니 리스톤과 무명 복서의 경기를 앞두고 기자는 어느 누구도 관심을 갖지 않는 젊은 무명 권투 선수와의 인터뷰를 요청했다. 그 무명 복서는 당차게 인터뷰에 응했다.

"나는 이 시합에서 이길 겁니다. 왜냐하면 제가 세계 최고이니까요."

그의 건방진 태도에 할 말을 잃은 신문기자는 오히려 그 말을 비웃기라도 하듯이 다음 날 신문에 큼지막한 세 단어의 활자를 넣은 기사를 실었다.

"난 세계 최고다!"

모두들 무명 복서를 건방지다고 손가락질했지만 놀랍게도 경기는 그의 일방적인 승리로 끝나고 말았다. 이후 사람들은 갑자기 나타난 이 젊은이에게 매료되었고 기자 역시 특종기자가 되었다. 훗날 조 프레이저와의 15회전 권투경기에서 천만 달러, 버그너와의 경기에서 250만 달러 등 그는 엄청난 돈을 벌어들였다. 그가 바로 세계적인 권투선수 '무하마드 알리'이다. 그는 경기를 앞두고 주옥같은 한마디를 꼭 남겼다.

"나비처럼 날아서 벌처럼 쏘겠다."

"소련 전차처럼 쳐들어 갔다 프랑스 미꾸라지처럼 빠져 나오겠다."

심지어 상대방을 몇 회에 쓰러뜨리겠는 말도 자신 있게 했다. 그리고 그의 예언은 거의 적중했다. 한 기자가 "무하마드 알리 선수는 만약에 상대를 쓰러뜨리지 못하면 어떻게 감당하려고 그런 인터뷰를 하시는 거죠? 겁나지 않나요?"라고 묻자 그는 "나의 승리의 반은 주먹이었고, 반은 말에 있었습니다."라고 답하기도 했다.

그렇다. 그는 자기 암시화를 하면서 말의 힘을 진정으로 믿었다.

말은 씨가 된다. 그 씨를 잘 키워 열매를 맺도록 하는 역할은 우리에게 달렸다. 씨를 저절로 받게 해주는 말의 힘! 긍정적인 말, 힘이 되는 말은 나의 잠재력조차 끄집어내는 위대한 힘이 된다는 것을 기억하자.

직접 만난 그들

이상철 부회장의 기운 솟게 하는 목소리

'나의 직원들의 자녀가 이제 봄을 맞아 입학을 한다. 나는 그들에게 무엇을 해줄 수 있을까? 어떻게 하면 그들이 기뻐하고 그들의 부모인 우리 직원들도 덩달아 신이 날까? 그래, 이렇게 하자.'

먼저 입학선물을 받을 자녀를 헤아려 보니 모두 590명이었다. 입학선물을 고르는 것도 쉽지 않았다. 나이와 성별에 맞춰 직접 고른 학용품과 가방을 선물로 보냈다. 그의 배려는 여기서 그치지 않는다. 직원의 가족이 자녀를 출산하면 역시 직접 쓴 편지와 미역을 보낸다. 따뜻한 이 CEO는 바로 통합 LG텔레콤의 이상철 부회장이다.

분주한 스케줄로 가득한 그를 만나기 위해 홍보실에 먼저 연락을 했더니, 홍보과장의 자발적인 멘트가 이어졌다. 홍보용은 절대 아님을 직감으로 알 수 있을 만큼 이상철 부회장에 대한 진심과 존경이 묻어 있었다.

"저희 부회장님은 저~엉말 좋으신 분입니다. 직원들에게 사랑이 무엇인지를 가르쳐주십니다. 바쁜 일정 중에도 직원의 가정까지 방문해서 아이들의 피아노 연주를 들으셨는데 직원들이 너무 놀라기도 했습니다."

뛰어난 CEO는 많지만 직원들에게 감동을 주는 CEO는 드물다. 마음속으로는 그들을 아끼고 사랑한다고 되뇌지만 그것을 직접 표현하지 않으면 굳어 있는 CEO의 표정에 직원들은 권위만 느낄 뿐이다. 나는 이상철 부회장을 인터뷰하기 전에, 그가 CEO로서 표현하는 방법을 제대로 알고 있다는 생각이 들면서 혹시 홍보용은 아닐까, 하는 생각이 잠시 스쳐 지나갔다.

다음은 부회장의 가정방문을 받은 직원을 만났다. 싱글벙글한 표정으로 "아이들과 아내가 이 회사에 다니는 저를 아주 자랑스러워해요. 저요? 당연히 저도 뿌듯하죠. 앞으로 우리 가족을 위해서라도 훌륭한 회사를 만들도록 열심히 일할 수밖에 없어요. 하하하"라고 말하는 그의 모습에서 행복감이 느껴졌다.

직원들의 모습을 보고 있노라니 이상철 부회장의 진짜 모습이 더욱 궁금해졌다. 그는 한가한 사람일까? 고객센터에서 상담사와 나란히 앉아 근무를 하며 고객들에게 걸려온 상담전화를 직접 받기도 하고 상담사나 판매사들의 현장의 애로사항을 직접 듣고 격려하기도 한다. 물론 자주 있는 일은 아니다. 그러나 현장의 직원들은 그의 말을 지금도 기억하고 있다.

"(따뜻한 눈빛으로) 여러분은 최고의 역량을 가지고 있는 분들입니다. 그런 만큼 자신감과 긍지를 갖고 통신시장의 신선한 바람을 일으킬 만한 일들을 함께 만들어 나갑시다."

기운이 솟는 말이다. 신바람 나서 열심히 하고 싶도록 나의 마음을 조정하는 말이다. 그의 말과 글에는 한마디 한마디가 진심이 묻어나고 상대를 존중하는 마음이 담겨 있다.

직원들의 자녀들에게 선물과 함께 보낸 편지내용을 다시 꺼내 보면 놀라운 사실을 발견할 수 있다. "아빠, 엄마의 자랑처럼 착하고 훌륭한 아들, 딸이 되어 주세요. 진심으로 입학을 축하합니다"라고 적힌 편지에는 직원 자녀들의 입학을 축하하기 전에 아빠와 엄마의 자랑임을 인식시키면서 부모들이 얼마나 그들을 사랑하고 소중하게 느끼는지를 모두 담고 있다. 그는 부모가 하고 싶은 이야기를 우회적으로 적으며 더불어 축하하고 있으니 이 편지를 읽은 부모도 자녀도 모두 기뻐하게 만드는 마술을 부린 셈이다. 글 속에도 소통이 묻어난다.

인터뷰 내내 이상철 부회장은 그 누구보다 '소통'을 중요하게 생각한다는, 아니 목숨처럼 생각하고 있다는 느낌을 갖게 했다. 그래서 첫 번째 질문으로 그가 가족친화경영을 강조할 만큼 소통을 중요시하게 된 데 결정적인 영향을 준 이가 누구인지를 물었다.

그는 6남 1녀의 일곱 번째 막내로 태어났다. 아버지는 교장선생님이셨고 막내아들인 자신과 나이 차이가 꽤 많이 났지만 끊임없이 대화를 나누었다고 한다. 하루에도 서너 시간씩 말이다. 아버지는 새해가 되면 달력 뒷장에 그해의 소망을 한 줄씩 적었다. 그중에서 그에게 가장 인상적인 문구는 이것이다.

"인간 사이를 귀하게 여기자."

이 화두를 어린 아들에게 던지면서 이 말의 '사이'는 틈이 아니라 '관계'라고 설명해주셨다. 서정주 시인의 〈국화 옆에서〉를 인용하며 한 송이 국화꽃을 피우기 위해 봄부터 소쩍새가 그렇게 울었으며, 천둥은 먹구름 속에서 그렇게 울었고, 간밤에 무서리가 저리 내리고 잠도 오지 않은 수고를 했기에 누님 같은 한 송이 국화꽃이 피울 수 있음을 설명하셨다.

모든 것은 인간관계이며, 혼자가 아니므로 얘기를 하고 들어주는 과정을 거쳐야, 얽힌 모든 관계를 잘 해결해서 소통이 되는 것이라며 아버지는 늘 '관계'의 중요성을 언급하셨던 것이다. 어머니가 먼저 돌아가시고 아버지가 94세까지 홀로 계시는 동안 그는 틈틈이 아버지와 많은 대화를 나누었으며 그때 소통에 대해 배웠다고 한다.

두 번째 질문은 소통을 잘 실천하고 있는 가운데 그가 자녀들과는 과연 어떻게 소통하고 있는지 궁금했다. 가족은 타인과는 또 다른 존재이기 때문이다.

"저는 아버지보다 못해요. 나이가 드니 이제야 아들과 깊은 이야기가 가능하더군요. 그래도 출가한 딸과는 거의 매일 문자메시지와 이메일을 통해서 만나고 있습니다."

기대한 만큼 거창한 방법은 아니었다. 그러나 여전히 편지를 통해 자녀들에게도 할아버지와 나누었던 관계와 소통을 강조하는 모습은 참 따뜻하고 아름답게 보였다.

이상철 부회장과 인터뷰를 마친 기자들의 공통적인 이야기는 그가 말을 참 잘하는 CEO라는 점이다. 적절한 비유를 선택하는 그는 말에도 핵심이 들어 있어 한 문장도 버릴 수 없게 한다. 따라서 세 번째 질문은 말 잘하는 비결을 단순하게 물었다. 그의 답 역시 명료했다.

"저는 항상 기본으로 돌아갑니다. 그리고 '왜'라는 질문을 하지요. 거기에 확실한 답이 있으면 말은 절로 나오게 되어 있습니다."

통합 LG텔레콤의 사훈은 '자유인'이다. 이상철 부회장은 "인생을 사는 보람은 자유에서 나온다"고 했다. 지시와 복종이 있어도 그 속에서 나라는 자신이 먼저 있어야 한다는 것이다. 그리고 "자유인이 되려면 낳은 생각을 해야 합니다"라고 강조하면서 "자기의 행동에 책임감을 갖고, 일에 스스로의 생각을 자유롭게 반영하며 잘 소화해서 즐겁고 재미있게 일해야 한다"고 했다. 그는 격의 없는 대화의 시간도 많이 갖겠다고 했으며 바로 '물이 흐르는 시냇물의 주소'를 일

킨는 '스와이-낭트 이상철' 이라는 제목의 블로그를 개설하고 블로거로 활동하기 시작했다. 여기에서는 IT산업을 포함한 다양한 이슈들에 대한 개인적인 단상과 '몰입의 기적' 이라는 멋진 에세이 그리고 정보통신부 장관, 광운대 총장 시절의 활동들을 사진과 함께 들여다볼 수 있다.

조직에 대한 사랑을 너머 그는 소비자들의 요금 걱정까지 없애주고 싶은 마음에 통신비 50퍼센트 절감이라는 서비스 계획과 '탈(脫)통신' 을 외치면서 우리나라 IT산업을 맨 앞에서 이끌어가는 주인공이다.

어린 막내아들이 연로하신 아버지와 끊임없는 대화를 통해 알게 된 "저는 소통을 하면 풀리지 않는 것이 하나도 없다고 생각합니다" 라는 깨달음을 그는 지금 실천하고 있는 중이다. 한 송이 국화꽃의 처절한 노력을 늘 기억하면서 말이다.

소통을 공부하고 있는 내가 인터뷰를 마치면서 소통의 핵심을 깨닫는 순간이었다. 그의 온화한 표정과 해맑은 웃음, 그리고 기운 나게 만드는 그의 목소리가 주는 상대에 대한 배려 속에 소쩍새가 그리 울었음을 알 수 있었다.

지휘자 금난새는 달변인가 눌변인가

누군가를 만난다는 것은 참 설레는 일이다. 오랜만에 열여섯 살 소녀 같은 감수성을 일깨워주는 자리가 있었다. 바로 지휘자 금난새와 함께하는 오페라 여행이었다. 그의 친절한 작품해설을 듣고 있으면 마치 달콤한 사탕을 입에 물고 있는 것처럼 행복하다.

금난새는 베르디의 '라 트라비아타'의 감상 포인트를 설명했고, 음악에 얽힌 재미있는 해설을 곁들여 곡을 재미있게 감상할 수 있도록 해주었다. 그 특유의 말솜씨를 듣는 것은 누구나 인정하는 음악회의 별미가 된다. 아나운서가 본 지휘자 금난새의 말하기 매력은 무엇일까?

첫째, 결코 어렵게 말하지 않는다는 점이다. 알아듣기 쉽게 표현해주니 어른은 물론이고 어린이, 청소년들에게도 부담이 없는 재미있는 음악회가 된다. 클래식이 딱딱하고 어려운 음악이라는 선입견을 갖고 있더라도 그를 만나게 되면 그것이 고정관념이었음을 알게 된다.

"이렇게 바꿔서 생각하면 어떨까요? 클래식은 룰을 알고 즐기는 야구 게임과 같습니다. 룰을 모르면 아무 흥미도 가질 수 없는 게임에 불과하지만 몇 가지 룰을 익히면 너무나 흥미진진하게 즐길 수 있습니다."

이처럼 적절한 비유를 곁들인 그의 설명을 듣다 보면 관객은 공부

할 마음의 자세를 단단히 하고 저절로 경청의 태도를 취한다.

둘째, 그의 천진난만한 표정이다. 그가 재미있게 스토리를 전개해 나가는 모습을 보면 세상 근심과는 전혀 어울리지 않는 어린아이와 대화를 나누는 듯한 느낌이 든다. 물론 그 역시 관객을 어린이 대하듯 살갑게 대해준다. 엄숙하고 권위 있는 지휘자가 아니라 항상 생긋 웃음 지으며 밝은 표정을 짓고 있는 그를 보고만 있어도 관객은 순수의 세계로 들어가면서 금세 친숙하게 된다.

셋째, 차분하면서도 재치 있는 말솜씨를 지녔다. 다른 사람들이 감히 생각지도 못했던 표현력과 재미있는 해설을 들어보면 그가 눌변이라고 하기에는 너무나 훌륭하다. 이외에도 그는 성실함과 열정, 노력을 바탕으로 우리나라 클래식의 대중화에 큰 공헌을 하고 있는 음악가이다.

여기서 잠깐 눌변에 대해서 살펴보자. 말을 청산유수처럼 끊이지 않고 술술 잘도 하는 달변가를 만나면 가끔 가벼워 보이기도 하고 이야기의 진실성이 의심되기도 한다. 여기에 행동이 뒤따르지 않는다면 오히려 얄밉게 느껴지거나, 말을 듣는 동안 지겹게 생각할 수도 있다. 마치 약장수가 약 파는 것을 구경하고 나면 "아이고, 그 약장수 말 한번 정말 끝내주네" 하고 칭찬을 하면서도 정작 신뢰가 생기지 않아 약은 사지 않는 것과 비슷하다.

반대로 어눌한 말솜씨는 처음에는 답답하게 들릴 수 있지만 그 안에 진심이 있다면 그윽한 묵직함으로 상대의 마음을 더욱 쉽게 열게 하는 힘이 있다. 가장 중요한 것은 남을 감동시키기 위해 필요한 것은 막힘없는 말솜씨가 아니라 마음에서 우러나오는 '진심'이 묻어나는 말이라는 것을 기억해두자.

다시 금난새의 마음을 읽을 수 있는 부분을 이야기해보자. 지난 3월 결핵 예방의 날을 맞아 결핵 퇴치를 위한 자선 음악회 '클래식으로 듣는 결핵 이야기'를 열었다. 그는 인터뷰에서 "인류 역사상 가장 오래된 질병인 결핵은 클래식의 역사에서도 중요한 의미를 가진다. 결핵은 오페라 '라 트라비아타'와 같이 작품의 소재로 사용되기도 하고 쇼팽과 같은 거장의 생명을 앗아가기도 했다"면서 "결핵의 아픔과 생명의 소중함을 공감하고 여전히 결핵으로 고통받고 있는 이들에게 아름다운 클래식 선율로 희망의 메시지를 전달하겠다"고 밝혔다.

나는 인터뷰 기사를 읽으면서 그가 내린 결핵의 재해석과 클래식 음악의 접목, 그리고 아픈 사람의 마음을 진심으로 헤아리지 못하면 도저히 나올 수 없는 기획 등을 설계하는 모습에 잠시 가슴이 뭉클해졌다. 그는 음악의 치유로 그들을 위로하고 싶었던 것이다. 나는 남녀노소 모든 관객을 존중하고 그들이 정말 알고 싶어 하는 부분을 잘 헤아려서 설명해주는 지휘자 금난새의 언어와 말하는 자세를 감히 아름다운 예술적인 행위라고 표현하고 싶다.

구수한 사투리가 매력적인 로버트 할리

결혼 초 임신을 한 아내와 한참 이야기를 하던 중 아내가 잠시 다른 방에 다녀온 사이에 남편은 사라지고 없었다.

"여보, 여보, 어디 있어요?"

애타게 찾는 아내의 목소리에도 아랑곳하지 않고 몰래 숨어 있던 남편이 갑자기 '짠' 하고 그녀의 등 뒤에서 나타났다. 그녀는 너무 깜짝 놀란 나머지 한동안 눈만 동그랗게 뜨고 아무 말도 할 수 없었다.

"여보, 아무리 장난이어도 그렇지. 난 임신 중이잖아. 뱃속의 아기가 얼마나 놀랐겠어!"

평소에도 장난이 심한 이 남자는 바로 국제변호사이자 방송인인 로버트 할리다. 그는 나이에 어울릴 법한 중후함보다는 여전히 장난기 어린 소년의 모습을 간직하고 있으며 개그맨보다 더 웃기는 입담을 자랑하고 있다. 지난해 출연한 드라마에서도 톡톡 튀는 감초연기를 선보여 시청자들의 웃음을 자아냈으며 한국인을 능가하는 연기를 펼쳤다는 평가도 받았다.

실제로 그의 삶도 마찬가지이다. 올해로 결혼 23년차를 맞는 아내와의 대화를 엿들으면 마치 신혼부부처럼 눈빛이 애절하고, 아이들과 함께할 때에도 아버지가 아닌 친구의 모습이다. 수년째 서울과 광주를 오가며 '주말가족'으로 지내고 있는 그는 하루에도 대여섯 통씩 아이들과 전화를 주고받는다. 삼형제가 한 명씩 전화를 붙잡고 학교에서 있었던 일을 시시콜콜 이야기하는 통에, 서울에서 광주의 일을 손바닥 들여다보듯 전부 알고 있다고 한다.

갑자기 그의 어린 시절이 궁금해졌다. 과연 어떤 배경에 의해 이렇게 모두가 부러워하는 가정적이고 유머 있는 남자가 되었을까? 그를 만나 나눈 대화를 잠시 정리해봤다.

Q 할리 씨는 말 한마디 한마디가 재미있어요. 가족 중에서 누구를 닮으신 건가요? 아니면 별도로 유머 수업을 받으셨나요?

A 제가 웃긴가요? 아마 할아버지의 영향이 가장 큰 듯해요. 반면에 할머니는 농담도 못하고 아주 무뚝뚝한 분이었는데 할아버지의 말과 행동에 항상 웃고 사셨습니다. 한번은 이런 일도 있었어요. 미국에도 가정을 방문해서 화장품을 판매하는 사람들이 있어요. 갑자기 할아버지가 긴 머리 가발을 쓰고 립스틱을 짙게 바른 채 앞집의 친한 친구에게 방문해서 여자 목소리를 내며 화장품을 사라고 했어요. 모두들 미친 사람이 나타났다고만 했지 그가 우리 할아버지인 줄은 아무도 몰랐어요. 그때 우리 할아버지 연세가 90이었어요.

Q 하하하, 그럼 아버지도 할아버지의 영향을 많이 받으셨나요?

아버지의 모습도 궁금한데요?

A 아버지 역시 장난이 심하고 유머가 많아서 어머니가 늘 웃고 사셨어요. 나중에는 어머니도 한 유머 하셨지요. 아버지는 우리 가족이 모두 모이면 난센스 퀴즈를 만들어서 대회를 여셨어요. 우리 9형제는 아버지의 표정과 재미있는 말에 항상 귀를 쫑긋하고 웃을 준비를 했던 기억이 나요. 아버지는 늘 재미있는 말만 골라서 하셨어요. 특히, 가족들 얼굴에 함박웃음이 피게 만드는 그런 일을 아주 좋아하셨어요.

Q 가족, 특히 할아버지가 참 멋진 분이시군요. 할리 씨는 학교 다닐 때 모범생이었다고 들었어요.

A 그래도 저 역시 장난이 심해서 야단을 많이 맞았어요. 특히 친구 의자 위에 압정을 올려놓고 친구의 비명소리 듣기 등 심한 장난을 즐기면서 살았던 기억이…… 잠깐만요(잠시 아내와 전화 통화).

Q 지금도 아내와 자주 통화하시나 봐요? 한국부부처럼 가끔 싸우기도 하시나요?

A 네, 하루에 네 번 정도 통화해요. 그렇죠. 저희도 가끔 다투기도 하죠. 어느 날은 전화로 티격태격하다가 제가 갑자기 침착하게, "여보, 나도 사랑해" 이렇게 말했어요. 그랬더니 "나도 사랑해? 내가 언제 사랑한다고 했어?" 하며 고함치는 바람에 옆에 있는 매니저의 황당해하는 표정과 눈이 마주쳐 눈만 껌뻑거리고 말았죠. 통화 내용이 다 들린 겁니다. 하하하.

Q 호호호. 정말 민망했겠네요. 그런데 할리 씨는 아내와 무슨 말을 그렇게 많이 하시는지요?

A 저는 집에 오면 마음을 푹 놓고 살아야 한다고 생각합니다. 바깥일은 다 잊어버리고, 영원히 함께할 우리 가족과 같이 웃으면서 행복을 만들어요. 그래서 저는 주말을 정말 기대합니다. 특히 우리 아내의 성격은 조금 급해요. 방송에서 하는 농담을 먼저 아내에게 하고 또 같이 산책하고 쇼핑하면서 아내의 이야기를 들어주고 그렇습니다.

그와의 대화는 정말 유쾌했다. 밝은 표정과 명랑한 목소리는 상대를 기분 좋게 하는 소구였다. 그리고 가족을 향한 그의 사랑을 강하게 느낄 수 있었다. 그의 재치 있는 말솜씨는 세 아들에게도 전수되어 있었다. 특히, 잘생긴 외모에 훤칠한 키를 자랑하는 로버트 할리의 막내아들 재익 군은 얼마 전 TV오락 프로그램에 출현해 아버지처럼 구수한 경상도 사투리로 말해 한바탕 웃음바다를 자아내기도 했다.

"아빠는 입이 새털처럼 가벼워서 저에 대한 사소한 일들을 미국에 계신 할머니한테까지 전화해서 자랑해요. 제발 제 사생활을 좀 지켜주세요"라고 불만을 말한 재익 군의 말솜씨도 예사롭지 않다.

늘 웃음이 끊이지 않도록 노력하셨던 그의 할아버지는 97세에, 그리고 할머니는 98세에 돌아가셨다고 한다. 당시 많이 울었다고 얘기하는 그는 할아버지의 정신을 늘 가슴에 새겨 넣고 산다면서 말 없고 무뚝뚝한 가장들에게 유머 감각을 키우라고 조언하기도 했다.

9남매 중의 장남인 로버트 할리는 추수감사절이 되면 미국에 있는 가족과 함께 보내지 못하지만 대신 한국에서 이웃을 초대하며 특별한 시간을 함께한다. 이웃들은 그가 직접 만든 맛있는 요리를 먹으며 행복해하고 그의 유머에 또 한 번 행복바이러스에 감염되고 만다. 세 아이들에게도 자신의 고향에 대한 추억을 심어주기 위해 집에서 손수 칠면조 요리도 하고 미국에 계신 아이들의 할아버지, 할머니 얘기도 하면서 가족과 함께 보낸다.

인터뷰를 마치면서 웃음꽃이 활짝 피어 있는 가정은 저절로 되는 것이 아니라 우리가 예쁘게 만들어가야 한다는 것을 새삼스레 느꼈다. 가정에서 말 한마디의 소중함, 무엇과 바꿀 수 있으랴. 가정은 지상의 천국이라는 그의 말이 귓가를 맴돈다.

안철수의 1% 다른 스피치

"어머니는 저에게 늘 존댓말로 대해주셨어요. 혼내실 때도 마찬가지였죠. 어느 날은 제가 고 1때였는데 늦잠을 자는 바람에 택시를 타고 등교해야 했어요. 그런데 어머니께서 "학교 잘 다녀오세요" 라고 하자 택시기사님이 사촌이나 친누나로 착각했나 봐요. 저보고 "누나가 참 착하네요" 라고 하더군요. 제가 저의 어머니라고 밝혔더니 어떻게 어머니가 아들에게 존댓말을 할 수 있느냐며 놀라시는 겁니다." 안철수 서울대 융합과학기술대학원장이 TV 예능 프로그램에 나와서 한 얘기였다. 그는 만나는 사람들에게 나이와 지위고하에 상관없이 존댓말을 한다. 심지어 군의관으로 있던 시절, 병사들에게 말을 놓지 못해 애를 먹었다고 한다. 부부싸움 할 때는 과연 어떨까? 당연히 존댓말로 한단다. 어린 시절 자신에게 늘 존댓말로 대해주셨던 어머니의 영향을 받아서라고 말하는 그의 모습은 언제보아도 겸손함이 묻어있다. 그의 별명은 걸어 다니는 도덕교과서다.

직원들에게도 화를 내본 적이 없고 욕 한마디 해보지 않은 그에게 너무 도덕적인 삶을 사는 건 아닌지 묻는 질문에 자신은 어떤 것을 절제하며 참아본 적이 없다고 했다. 오히려 마음 편한 대로 살아왔다고 생각하며 돈보다 명예가 중요하고, 명예보다 자신의 마음이 편한게 중요하다고 말한다. 그의 가치관을 알 수 있는 대목이다.

그의 배려 깊은 표정과 말투는 과거의 자란 모습이 어땠는지 더욱 궁금하게 한다. 그는 어려서부터 운동을 잘하지는 않았고 성격도 내성적이어서 집에서 혼자 보내는 시간이 많았다. 기계도 조립하고 식물도 키우고 그러면서 저절로 책과 친해졌다고 한다. 초등학생 시절 학교 도서관의 책을 날마다 여러 권씩 읽는 바람에 결국 도서관에 있는 책을 대부분 읽게 됐다. 도서관 선생님은 하루도 빠뜨리지 않고 몇 권씩 대출하며 반납하는 안철수 어린이가 장난치는 걸로 의심해서 대출을 해주지 않을 때도 있었다고 한다.

안철수 원장은 "당시 저는 책의 페이지 수, 발행 년 월일, 저자까지 모두 다 읽고, 바닥에 종이가 떨어져 있으면 그것도 읽어야 직성이 풀리는 활자 중독증이었 것 같다"라고 회고했다. 바둑을 배우더라도 바둑에 관한 책을 한 달 동안 50권이나 읽었으니 그의 왕성한 독서력의 힘은 말에도 드러난다. 느긋하고 여유 있는 표정, 말투도 은근하고 조용하다. 게다가 하나하나 꼼꼼히 빼먹지 않고 설명한다. 강의 후에 질문이 들어오면 적극적으로 답을 하기보다는 한참 생각한 다음 간결하게 답한다. "많이 알고 있는 것보다 제대로 전달하는 게 중요하다"고 말한 그의 스피치 능력은 어떠한가?

안철수 원장은 상대가 잘 이해할 수 있도록 쉽게 설명한다. 자신의 추구하는 성공에는 사명감이 밑바탕 되야 한다는 말은 하면서 다음과 같은 이야기를 꺼냈다. 그는 아주 똑똑한 사람들이 우리사회에 얼마나 도움이 되는가를 생각해봤다고 한다. 그가 워튼 스쿨에서 '법' 은 필수 과목이었다.

"법대교수님이 와서 직접 가르치시는데 그분말씀이 정말로 머리 좋은 학생들이 있어서 자기가 A+를 주지 않을 수가 없었대요. 그런데 10년 후에 보니깐 좋은 점수 받았던 대부분 애들이 감옥에 가있더래요. 그래서 그런걸 보면 과연 머리가 좋고 자기만 개인적 성공만 추구하는 사람이 우리사회에 도움이 되는가를 사실 심각하게 생각하지 않을 수 없게 되더라구요."

그의 소통 방법도 보통 정치인들과는 다르다. 그가 재산을 사회에 환원하겠다는 소식도 화려한 후레쉬 세례를 받는 기자회견이 아니라 편지, 즉 e-메일을 통해서 알렸다. 그는 평소에도 직원들에게 이메일을 썼으며 누군가에게 하고 싶은 말이 있다면 편지로 자신의 뜻을 전달해오고 있다.

공개된 편지내용 가운데 "언젠가는 같이 없어질 동시대 사람들과 좀 더 의미 있고 건강한 가치를 지켜가면서 살아가다가 '별 너머의 먼지'로 돌아가는 것이 인간의 삶이라 생각한다" 는 그의 글은 가슴을 뭉클하게 하고 감동을 준다. 강한 어조의 말투 보다는 사람의 감성을 자극하는 그의 말이 훨씬 설득력이 있는 것이다.

그의 목소리는 부드럽다. 말의 강약을 주는 것도 없고 아주 잔잔하다. 언어의 리듬을 타지도 않는다. 그러나 결코 지루하지 않다. 그의 표현력은 가공된 것이 아니다. 사람을 존중하고 안타까운 마음에서 진실로 상대의 처지를 이해하려고 애쓰는 마음이 자신의 말과 몸으로 진솔하게 전달되기 때문에 그가 환영받는 것이다.

성공한 사람에게는
훌륭한 부모가 있다

김미남의 성공비결, 이 말 한마디

나는 첫 만남의 목소리를 소중하게 기억하기 위해 그대로 흡수하려고 노력한다. 어느 날 김치를 좋아하는 미국 남자로 한국에 널리 알려진 방송인 김미남을 만났다. 파란 눈과 노란 금발에 오똑한 코와 작은 얼굴, 커다란 덩치를 자랑하는 그는 목소리가 크고 밝아서 처음 만난 어색함을 해소시켜줄 만큼 활력이 느껴졌고 덩달아 주변 분위기도 환해졌다.

우선 그가 정말 김치를 좋아하는지 물어보고 싶었다.

"저는 한국에 오자마자 첫 식사에서 바로 김치를 먹었어요. 오이김치는 맵고 먹기 힘들다는 얘기를 많이 들었는데, 저는 처음부터 아주 맛있었어요. 그땐 선교사였는데, 같이 온 대부분의 일행은 김치를 잘 못 먹더라고요. 하지만 저는 정말 맛있어서 혼자 서너 접시를 먹어치웠죠. 그 이후에 제 이름이 김미남이 됐어요. '김치를 좋아하는 미국 남자' 란 뜻이죠. 제 성은 김치 김 씨예요!"

목소리만 들어도 그가 얼마나 밝고 쾌활한지 짐작이 갔다. 과연 그의 자신감은 어디서 나오는 걸까? 그는 현재의 자신을 교육사업가, 경영컨설턴트로 키운 든든한 조언자는 바로 자신의 아버지였다고 소개하며 아주 특별한 이야기를 꺼냈다.

김미남 씨가 12살 때 그의 몸무게는 무려 120킬로그램에 달했다고 한다. 사진까지 보여준 그의 옛모습은 정말 입이 벌어질 만큼 거구였다. 그가 할 수 있는 운동은 별로 없었다. 그러나 아버지는 자신을 격려하는 데 어떠한 거침도 없었다. 아버지의 교육 네 가지를 정리해보았다.

첫째, 아버지는 항상 칭찬하셨다. 그가 다니는 학교 팀의 운동경기가 있는 날에 김미남은 몸이 무거워 선수로 뛸 수 없었으므로 고작 벤치에서 박수치는 것이 일이었다. 그래도 아버지는 항상 경기장에 찾아오셨다. 만약에 그 팀이 승리하게 되면 "네가 박수를 잘 쳐서 너희 팀이 승리할 수 있었어" 하며 독려했다고 한다.

아버지는 그것으로 끝나지 않았다. 집에 돌아와서는 친구에게 전화를 걸어 "이보게. 내 아들이 글쎄 박수를 아주 잘 치면서 응원을 했다네. 그 덕분에 아들의 팀이 이겼어. 정말 대단하지?"라고 자랑을 했고 이 전화내용을 들은 아들을 우쭐하게 만들었다. 세월이 많이 지난 후 김미남의 엄마는 이렇게 고백했다.

"그 전화는 아빠 혼자서 전화기에 대고 말한 독백이었어."

아들을 격려하려는 아버지의 놀라운 연극이었던 것이다. 놀랍다. 듣는 순간 감동의 전율이 온몸을 감싸 안았다.

"어이구, 돼지처럼 살만 쪄가지고, 넌 박수만 치는 바보니? 살 좀 빼라, 제발!"이라고 말하는 아버지였다면 지금의 김미남은 어떻게 되었을까? 그래, 나쁜 상상은 하지도 말자.

둘째, 그의 아버지는 늘 "할 수 없다는 말을 하지 말라"고 말씀하셨다. 그는 매사가 긍정이었다. 할 수 없는 것이라고는 남자가 아이를 낳는 일뿐이라고 하면서 딸은 아이까지 낳을 수 있으니 더더구나 못할 일은 없다고 강조했다. 김미남은 어린 시절부터 늘 '할 수 있다'는 환경 속에서 성장하는 행운을 누린 것이다.

셋째, 아버지가 붙여준 좌우명은 "I am a winner"였다. 아버지는 아들 김미남이 누워서 자는 침대의 천정과 거실로 향하는 계단 곳곳에 "I am a winner"라고 붙여주었다. 그가 잠들기 전 천정의 문구를 보며 무슨 생각을 했을까? 생각대로 되는 것이다. 이 말은 지금 김미남이 강의하는 곳곳에서 자신을 상징하는 트레이드마크로 사용하는 문장이기도 하다. 가끔은 그를 만나는 사람들에게 자신의 얼굴과 그 문구가 있는 카드를 선물로 나누어주기도 한다.

넷째, 생각이 바뀌어야 행동이 바뀌고, 행동이 바뀌어야 습관이 바뀌며 습관이 바뀌어야 성격이 바뀐다. 그리고 성격이 바뀌어야 환경이 바뀌고, 환경이 바뀌어야 운명이 바뀐다. 그의 아버지는 아들의 인생에 가장 중요한 것을 가르쳐주었다. 고기를 던져주지 않고 고기 잡는 법을 전수한 진정한 인생의 어부인 것이다.

문득 김미남의 아버지가 보고 싶어졌다. 그는 한국전 참전 군인이었다. 지난 1997년에 한국을 방문했다가 믿을 수 없을 만큼 발전한 한국에 감탄을 했다고 한다. 평소 자녀와 대화를 많이 나누는 가정적인 아버지의 영향을 받아 김미남 역시 가정의 소중함을 거듭 강조했다.

"저는 한국의 가정이 더욱 탄탄해지길 바랍니다. 좀 더 많은 아빠들이 일찍 가정으로 돌아가야 해요. 그래서 아이들과 많은 시간을 나눠야 하죠. 가정이 행복해야 나라가 강해지는 거라고 생각해요."

그의 힘 역시 가정에서 제조된 것임을 알 수 있었다. 12살 때 120킬로그램이라는 거구의 몸집을 한 그가 지금 성공한 사업가이자 멋진 방송인이 되기까지는 훌륭한 어부의 가르침을 잘 따른 그의 순수한 마음과 멋스런 어부인 아버지의 교육관을 높이 사고 싶다.

링컨은 엄친아였다

미국의 제16대 대통령인 에이브러햄 링컨은 노력형 인간이다. 그는 성경을 비롯해 소설과 이솝우화를 모두 암기할 정도로 여러 번 읽었고 셰익스피어의 대사와 시도 즐겨 외웠다고 한다. 또 글을 잘 쓰기 위해서 문법책을 구해 역시 줄줄 암기할 정도로 읽고 또 읽었다.

그의 남다른 언어 감각은 타고난 것일까? 아마도 그가 스피치의 중요성에 관심을 갖고 좋은 문장과 시를 열심히 암송한 노력의 결과일 것이다. 그렇다고 죄다 외우는 이유는 무엇일까? 그는 정규 교육을 받지 못해 자신의 소양이 부족하다고 느꼈으며 항상 손에서 책을 떼지 않았다고 한다. 그의 겸손한 모습이 엿보인다. 게다가 언제 어디에서나 항상 종이와 펜을 가지고 다니며 메모를 했다. 그의 수첩에는 갑자기 떠오른 생각뿐만 아니라 다른 이에게 들은 유익한 말로 가득했다고 한다.

링컨은 항상 쉬운 말로 표현했다. 특히 모두 암송해버린 이솝우화를 잘 비유해가며 자신의 말하고자 하는 바를 명확하게 드러내곤 했다.

링컨의 삶에 가장 큰 영향을 준 사람은 바로 어머니였다. 그는 어머니와 한 약속을 목숨처럼 소중히 생각했다. 한번은 링컨이 켄터키 출신의 한 육군 대령과 역마차를 타고 여행을 했다. 함께 먼 거리를 달린 후에 대령은 주머니에서 위스키 병을 꺼내면서 "링컨 씨, 술 한

잔 하지 않겠소?'라고 말했다. 그러자 링컨이 대답했다.

"아닙니다, 대령님. 호의는 감사하지만 저는 위스키를 마시지 않습니다."

대령은 무안했을까? 어떻든 그들은 유쾌하게 환담을 나누면서 다시 수 킬로미터를 더 갔다. 그때 대령이 호주머니에서 담배를 꺼내며 말을 건넸다.

"저, 링컨 씨는 술을 안 하시니, 담배나 한 대 피우시겠소?"

그러자 링컨이 말했다.

"대령님 같이 훌륭하고 유쾌한 분과 같이 여행을 하게 되어 기쁩니다. 성의로 권하시는 담배니 태워야겠지만, 그 전에 제가 소년 시절 때 겪었던 경험을 들려드리겠습니다. 제가 아홉 살 쯤 됐을 때 어느 날 어머니께서 저를 침대로 부르셨습니다. 당시 어머니는 아주 많이 아프셨습니다. 어머니는 제게 '아들아, 의사선생님 말로는 이 엄마가 회복되기가 어렵다고 하시는구나. 엄마는 네가 평생 절대로 술이나 담배를 입에 대지 않겠다고 약속해주기를 바란다. 엄마가 저 세상으로 가기 전에 약속할 수 있겠니?' 라고 말씀하셨습니다. 저는 그 말씀대로 하겠다고 어머니께 약속했고 지금까지 그 약속을 지켜왔습니다. 대령님, 이제 대령님께서는 제가 어머니께 한 약속을 깨뜨리고 담배를 피우라고 말하시겠습니까?"

"아닙니다, 링컨 씨. 저는 세속적인 것을 위해 당신이 그러한 일을 하게 하고 싶지 않습니다. 그 약속은 당신이 이제까지 한 가장 훌륭한 약속 중 하나였습니다."

여기서 놀라운 것은 어머니의 말투다. 보통 유언이라고 하면 대부분 '~해라' 식의 말투이지만 그의 어머니는 권유와 부탁으로 부드럽게 이야기하면서도 감정적으로는 오히려 더 강력한 메시지를 던지고 있다. 성공한 사람 뒤에는 훌륭한 부모가 있는 것처럼 많은 사람들이 부모에 대한 자신들의 사랑 때문에 선한 삶을 살아가도록 동기를 부여받는다. 링컨 역시 어머니의 가르침을 통해 성장했다. 부모를 공경하는 링컨의 마음도 훌륭하고 링컨의 말투도 감동스럽다. 거절할 때는 직설적으로 말하기보다는 상대를 배려하며 정중하고 겸손하게 말하는 모습이 역시 링컨답다.

부모에게 잘 대들던 빌 게이츠

미국 마이크로소프트(MS) 사의 창업자인 빌 게이츠의 어린 시절 역시 부모의 영향이 컸다. 그가 어렸을 때부터 백과사전을 독파할 정도로 독서광이 된 것도 책 읽기를 강조한 부모의 영향이 컸다고 한다. 아버지는 여름휴가철이 되면 여러 가족을 초청해 오두막 휴양지에서 함께 보내고 아이들끼리 운동과 게임을 하도록 배려해주었다.

아버지는 당시를 "다른 가족들과 같이 보내면서 다른 사람들은 어떻게 행동하는지를 관찰할 수 있게 했고, 무엇이 좋은 행동이고 나쁜 행동인지를 배우게 했다"고 회고했다.

하지만 빌은 어린 시절 부모에게 대들기를 좋아해서 가족의 골칫거리였다. 하루는 가족과 함께하는 식사 자리에서 엄마에게 대들다 화가 난 아버지로부터 물컵 세례를 받기도 했다. 어쩔 수 없이 아버지는 그를 상담사에게 데려갔다. 과연 상담사는 아버지에게 무슨 조언을 했을까? 그는 "빌 게이츠가 부모로부터 독립하려고 하는 거니까 아들을 그냥 내버려두시는 것이 낫겠습니다"라고 했다. 그리고 아버지는 이 말을 듣고 바로 실행에 옮겼으며, 그 결과 지금의 빌 게이츠가 탄생하게 되었다.

성인이 된 이후 그는 여전히 아버지와 자녀 양육문제나 사회적인 이슈 등 다양한 주제를 놓고 토론을 나눈다고 한다. 부모가 느끼기에 대드는 것은 아이 입장에서 보면 논리적으로 대응하는 것이라는 상담사의 시각도 맘에 들고 그것을 무조건적으로 수용하는 아버지 게이츠 시니어도 멋진 남자임에 틀림없다.

 ## 아벨라르의 세 치 혀 이야기

'세 치 혀로 흥한 자 세 치 혀로 망한다'는 말이 있다. 세 치 혀의 '치'는 길이를 세는 단위이다. 한 치는 손가락 한 마디 정도의 길이고 사람의 혀가 손가락 세 마디 정도 되므로 세 치 혀라고 한다. 성경에서는 혀를 다스리라고 한다. 세 치 혀로 힘든 삶을 산 철학자 이야기를 해보자.

피에르 아벨라르라는 논리학자가 있었다. 철학 논쟁에서는 그 누구에게도 진 적이 없었고, 심지어 많은 사람들이 지켜보는 공개논쟁에서조차 스승을 굴복시킬 정도로 탁월한 실력의 소유자였다. 또 당대의 대가와 석학들을 상대로 칼로 무 자르듯 무참하게 논쟁과 토론을 벌이면서 유명한 학자들과 원수가 되기도 했다.

그는 기고만장했고 항상 이치를 따지고 논리를 내세웠으며 상대방의 감정 따위는 개의치 않고 자기 의견을 끝까지 밀고 나갔다. 사람들은 그의 앞에서 놀라운 실력에 대해 거듭 칭찬했지만 돌아서면 그의 불운을 기원할 만큼 미워했다. 매우 솔직하고 논리적인 그는 어딜 가나 주위 사람들의 위선과 거짓을 폭로하는 데 열심이었다. 말년에는 고향의 어느 수도원 원장으로 부임했지만, 수사들의 비행을 좌시하지 못하고 또다시 비판을 하다 독살당할 뻔했다. 그는 천재지만, 언제나 남에게 깊은 아픔과 상처를 주는 천재였다.

그의 성품은 그의 삶을 무척이나 힘들게 만들었다. 그의 입에서 나온 말이 결국 자신을 파멸시켰음을 알 수 있다. 설령 자신의 비판이 옳은 내용일지라도 그것을 촌철살인으로 심판해야만 했을까? 그런 아벨라르가 불쌍하게 느껴진다.

사람들은 집에서 나오기 전에 거울을 보며 자신의 얼굴과 치아 상태,

머리 스타일까지 훑어보며 신경을 쓴다. 그러나 정작 자신의 마음에서 우러나오는 말은 거울에 비춰볼 의식조차 하지 못할 때가 많다. 우리의 마음도 외모처럼 예뻐지고 청결해지기 위해 부정적인 것보다는 긍정적인 에너지를 담은 말을 해야 한다.

예수는 사람들에게 말의 모범을 보여주었다. 성경에 보면 손을 씻지 않고 음식을 먹는 예수의 제자들을 본 사람들이 예수에게 "왜 당신의 제자들은 더럽게 씻지 않은 손으로 음식을 먹느냐"고 항의한다. 이 말을 들은 예수는 "입에 들어가는 것이 사람을 더럽게 하는 것이 아니라 입에서 나오는 그것이 사람을 더럽게 하는 것이니라"라고 답했다. 입으로 들어가는 모든 것은 배로 들어가서 뒤로 내어 버려지나 입에서 나오는 것들은 마음에서 나오는 악한 생각 등이 사람을 더럽게 만든다고 덧붙였다. 아벨라르가 입에서 나오는 말도 먼저 씻어주었더라면 그의 삶이 그토록 힘들지는 않았을 것이다.

Chapter **6**

아나운서 엄마의 말하기 교육

어렸을 적 안데르센이 지은 〈미운 오리 새끼〉를 좋아했다. 그 이야기에서 엄마 오리는 알이 부화하여 새끼 오리가 태어나기만을 끈기 있게 기다린다. 오래지 않아 보송보송한 솜털로 덮인 노란 새끼 오리가 알을 깨고 나와 엄마 오리에게 기쁨을 안겨준다. 그러나 아직 부화되지 않은 조금 큰 알이 하나 남아 있다. 엄마 오리와 새끼 오리들은 알이 깨기를 기다리면서 지켜본다. 마침내 알이 깨지고, 노란 새끼 오리들은 이 새로운 가족이 자기들과 모습이 다르다는 것을 알아차린다. 모두들 갓 태어난 새끼 주위로 모여들더니 엄마 오리와 아빠 오리에게 이렇게 말한다.

"얘는 우리랑 다르게 생겼어요. 정말 못생겼어!"

그리고 미운 오리 새끼만 둥지에 홀로 남겨두고 헤엄치러 가버린다. 미운 오리 새끼는 둥지를 떠나 어디든 숨으려고 한다. 새로운 이들과 만나지만 매번 잘 풀리지 않고 실망할 뿐이다.

그런데 미운 오리 새끼의 삶에 기적이 일어난다. 자기와 똑같이 생긴데다가 행동도 똑같은 이들을 보게 된 것이다. 미운 오리 새끼는 그들과 친해졌고 그들은 미운 오리 새끼를 자기들의 엄마에게 데려가 "엄마, 엄마, 동생을 찾았어요. 정말 예뻐요. 이제 우리랑 항상 같이 지내도 되는 거죠?"라고 한다. 그리고 엄마는 흰 날개로 미운 오리 새끼를 안더니 "넌 새끼 오리가 아니란다. 넌 나의 소중한 새끼 백조야. 훗날 이 연못의 왕이 될 거란다"라고 말한다.

아름답고 우아한 엄마 백조의 부드러운 목소리를 들은 새끼 백조의 마음을 생각하니 괜스레 눈물이 핑 돌았다.

　나의 별명은 똑순이였다. 그러나 이는 학교에서 불린 별명이고 집에서는 '못난이'와 '모과'라는 별명을 갖고 있었다. 너무 못생겨서 생긴 별명 못난이와 과일 중에 가장 못생긴 과일이 모과여서 붙여진 이름이다. 그렇게 자라다 중학생이 된 어느 날 어머니 친구가 놀러 오셔서 "얘가 막내야? 많이 예뻐졌네?"라는 말에 입이 귀에 걸릴 만큼 행복해했던 적이 있다. 난생 처음 예쁘다는 말을 들은 것이다. 그러나 못난이 콤플렉스는 지금도 남아 있다. 사람들이 가끔 아름답다고 칭찬해주면 그것을 제대로 받아들이지 못하고 '나를 위로하기 위해서 한 말이겠지'라고 생각해 버린다. 나는 내가 예쁘다고 생각한 적이 단 한 번도 없었고 그런 나의 콤플렉스는 가끔 자신감을 흐리게 하는 무기로 사용된다.

　무의식에 자꾸 못났다는 것을 심어주게 되니 실제로도 외모에 항상 자신없어 하는 내 모습이 썩 맘에 들지 않는다. 대신에 정말 방송이라도 잘해야 한다는 마음으로 열심히 했던 옛시절이 생각난다. 어렵고 힘이 들 때마다 미운 오리 새끼를 떠올리며 마음을 다잡으면서 더는 움츠리지 말고 백조로 환골탈퇴하기 위해 노력했던 나를 그래도 칭찬해주고 싶다.

　놀림감이 아닌 자녀의 잠재력을 끄집어낼 수 있는 좋은 별명을 지어주기를 간절히 바란다. 유대인은 아이들에게 아브라함이나 모세와 같은 유명한 조상들의 이름을 일부러 지어준다고 한다. 계속 훌륭한 조상의 이름을 부르다 보면 그 자녀도 어느새 훌륭한 성인으로 자랄 수 있게 된다고 믿기 때문이다. 일리 있는 말이다. 나는 이것을 교훈 삼아 아이들에게 좋은 이미지의 별명을 지어주려고 한다. 무심코 던지는 별명으로 아이 스스로 부정적인 정체성을 갖도록 하기보다는 들을 때마다 신바람 나게 해주는 별명을 부르고 싶다.

우리 아이,
말하기 능력 키우기

아이 스스로 말하는 습관을 갖게 한다

"인서 엄마, 아이들 스피치 교육은 어떻게 하세요? 엄마가 아나운서라 얘들이 말도 잘하고 참 똑똑하겠어요?"

가끔 받는 질문이다. 명색이 아나운서 딸인데 당연히 잘하겠지 하는 주변의 시선이 한동안 나를 부담스럽게 했다. 솔직히 아나운서처럼은 아니더라도 또래 친구들보다는 발표를 잘하는 아이로 키우고 싶은 욕심이 있었다.

간혹 사람들은 내가 어렸을 때부터 특별한 교육을 받고 자랐을 것이라고 생각하는데 전혀 그렇지 않다. 단지 아버지가 저녁마다 가족 장기자랑 대회를 열어 무대공포증보다는 발표의 기쁨을 알게 해주셨고, 특별한 교육이 없었던 어머니는 아무리 바쁘셔도 나의 미주알고 주알을 잘 들어주셨다. 어떤 충고나 제언 한마디 하지 않고 그냥 들어주시기만 했다. 그런 영향으로 나의 어린 시절 성적표에는 항상 발표력이 뛰어나다는 평가가 적혀 있었다.

그에 비하면 나는 내 아이들에게 조급한 마음으로 대했던 것이 사실이다. 나의 욕심을 위해 아이들에게 가끔은 다그치는 교육을 하기도 했다. 요즘 스피치 커뮤니케이션 공부를 시작하면서 마거릿 에스리퍼스의 말대로 아이의 교육에는 시간과 인내심, 그리고 꾸준함이 필요하다는 것을 깨달았다. 그는 부모가 모범과 훈련을 통해 아이들을 가르쳐야 한다고 강조한다. 그의 말을 통해 내가 어머니로서 자녀들의 삶에 씨앗을 뿌리는 역할을 하고 있음을 알게 되었고 마음을 서서히 비우기 시작했다. 그 결과 지금은 아이들과 대화를 나누고 발음을 도와주며 자기 의견을 분명하고 정확하게 하는 방법 등을 차근차근 가르치고 있다.

초등학교 3학년생인 큰딸은 수줍음이 많은 줄 알았는데 프레젠테이션도 곧잘 한다. 가장 다행인 것은 어른을 공경하고 남을 배려하며 따뜻하게 말할 줄 아는 아이로 자라고 있다는 것이다. 초등학교 1학년생인 둘째는 놀라울 만큼 발음이 아주 정확하고 발성도 뛰어나 전달력이 매우 좋다. 막내인 세 살짜리 아들은 지금 열심히 밀을 배우고 있다.

가끔 나는 빨간 립스틱을 입술에 바르고 아들에게 말을 한다. 아이는 선명한 엄마의 빨간 입술을 뚫어져라 쳐다보며 다양하게 변하는 입모양을 관찰한다. 바로 빨간 립스틱 효과이다. 정확한 발음으로 단어를 배우게 하려는 나의 방법이다.

　병아리가 세상 밖으로 나올 때 알이 저절로 깨지는 것이 아니다. 세상 구경을 빨리 하고 싶어도 알은 단단하기만 하다. 병아리는 있는 힘껏 열심히 껍질을 쪼기 시작하나 힘이 부친다. 이때 어미닭은 밖에서 그 부위를 쪼아 준다. 답답한 알 속에서 비로소 병아리로 탄생하는 것이다. 아이들의 경우도 이와 다를 바 없다. 성장하는 시기에 부모가 올바르게 도와준다면 부모의 품에서 비로소 세상 밖으로 나와 자신의 역할을 잘할 수 있을 것이다.

　말 잘하는 아이로 성장하기 위해서는 부모의 역할이 가장 중요하다. 그러나 요즘에는 직접 가르쳐주는 어미닭의 역할보다는 스피치 학원을 선택하는 경우가 많아졌다. 가정에서든 학교에서든 간에 아이가 긍정적으로 표현하도록 말하기 습관을 만들어주자. 생각이 바뀌면 말도 바뀌고 아이가 주체적으로 행동할 수 있게 된다. 자신을 잘 표현할 줄 아는 똑똑한 아이가 되기 위해 부모는 더욱 부지런해야 한다. 나는 자녀들에게 계속 씨앗을 심을 것이다. 추수하는 날이 반드시 찾아올 것이라는 것을 확신하면서 말이다.

말하기의 시작은 인사 예절부터

불과 20~30년 전만 해도 휴대전화가 없었고 전화선을 공동으로 사용했다. 여러 가족이 하나의 회선을 사용해야 했기 때문에 내가 전화를 걸고 싶으면 수화기를 들어서 다른 가족이 통화 중은 아닌지 먼저 확인해야 했다. 지금은 놀랄 만한 기술적 도구가 넘쳐 소통의 기회가 늘었다고 하지만 오히려 복잡하게 엉켜 있는 실타래처럼 꼬여 있는 부분이 많다. 옆방에 있는 엄마에게 휴대전화로 문자만 남긴 채 외출하는 자녀도 있다고 한다. 아마도 현대사회에서 가장 궁핍한 것은 가족 간의 끈끈한 정과 예절일지도 모른다.

어린 시절, 아버지가 일하고 돌아오시면 마치 영화의 한 장면처럼 육남매가 나란히 현관 앞에 서서 인사를 드려야 했다. 아버지는 그만큼 엄격하셨다. 두 오빠가 말을 잘 듣지 않아 한겨울에 발가벗긴 상태로 마당에 나가 보초를 서곤 했던 기억이 난다. 그래도 아버지는 늦게 오시는 날이면 꼭 간식을 사와 우리가 먹는 모습을 보면서 흐뭇한 미소를 지으셨다.

장손이었던 아버지는 항상 인사를 강조하셨다. 많은 친척과 이웃 어른들의 방문이 끊이지 않았기 때문에 힝상 웃어른께 인사를 잘해야 한다는 가르침을 받았고 나는 또박또박 그리고 큰 소리로 인사를 곧잘 했다. 그런 모습에 흐뭇하게 미소를 지어주시는 분들이 많았고 가끔은 어른들의 뒷주머니에서 나온 용돈으로 횡재를 하는 기쁨을 만끽하기도 했다. 그때마다 아버지는 늘 감사의 인사를 하도록 가르쳐주셨다.

인사는 말의 시작이다. 친구들에게는 "고맙다"고 인사하고 어른들께는 "고맙습니다"라고 인사할 수 있어야 한다. 디어도어 A. 터틀 장로는 자녀가 어릴 때 받은 선물에 감사를 표하고 친절한 일을 해준 사람에게 감사하도록 가르쳐야 한다고 말했다. 가족들이 감사하는 태도를 갖도록 가르치기 위해서는 우선 우리 자신이 감사하는 태도를 키워야 한다. 우리가 모범과 가르침을 통해 서로 감사를 표시하는 것을 가르치지 않으면 가족들은 이 중요한 예절을 배우지 못할 것이다.

많은 아이들이 어른들께 "수고하세요"라고 인사하는 경우가 있는데 이는 어른에 대한 바른 말이 아니다. 수고하라는 말은 연장자가 나이 어린 사람에게 할 수 있는 격려의 말이다. 그런데 우리는 습관적으로 수고하라는 말을 너무 자주 쓴다. 입에 달고 있을 만큼 습관이 되어서 그렇다.

특히 어른들께 인사드릴 때 말로만 인사하거나 고개를 숙여도 허리는 구부리지 않고 고개만 까닥 숙여 인사하기도 하고 허리는 구부리면서 머리는 들어 눈을 쳐다보고 인사하는 아이들도 많다. 인사할 때는 바로 서서 허리와 머리를 숙여서 하도록 부모가 지도해주어야 한다. 어른이 부르면 "왜요?"라고 묻지 않고 "네" 하고 대답한 뒤 어른께 다가가도록 해야 한다.

또한 부모가 아이에게 어릴 적부터 높임말과 고운 말을 써주면 아이 역시 그렇게 하기 위해 노력한다. 실제로 많은 부모들이 자녀의 공부 습관에는 관심이 많지만 아이의 언어 습관에는 방심하는 경우가 있다. '아이가 아직 어리니까, 시간이 흐르면 나아지겠지' 하고 생각해서는 안 된다. 지금부터 우리 아이들의 말하기에 관심을 가져보고 들어보자. 그동안 무심코 지나쳤던 것들이 새롭게 들리기 시작할 것이다.

좋은 습관이 아이의 스피치 능력을 키운다

미국이나 캐나다에서는 가정이나 사회에서 말하기와 듣기를 아주 강조하는 분위기다. 특히 협상이나 설득을 위한 자리에서 꼭 필요한 의사소통의 기술에 대해 배우고 익힐 수 있는 교육 프로그램이 많다. 태어나면서부터 말을 잘하는 아이는 없다. 다양한 노력과 경험을 통해서 키워지는 것이다. 말 잘하는 아이로 키우려면 다음에 오는 다섯 가지 습관을 갖게 하자.

첫째, 풍부한 어휘력을 갖도록 노와야 한다. 우리 집 현관에는 아침마다 4부의 신문이 기다리고 있다. 어린이신문을 기다리는 아이들은 우선 만화부터 본다. 나도 어린 시절 왜 그렇게 만화가 좋았는지 어른들의 신문을 볼 때에도 만화와 TV편성표만 봤던 기억이 난다.

어린이신문은 그림과 사진이 적절하게 편집되어 있고 복잡한 기사도 어린이 수준에서 비교적 간결하게 잘 구성되어 있다. 글자가 작고 촘촘해서 저학년 아이들은 부담스러워하기도 하지만 부모와 같이 보면 재미를 갖게 된다. 아이들은 특히 엄마랑 무엇인가를 같이 본다는 것에 흡족해한다. 물론 아이는 매일 달라지는 내용으로 가득 찬 신문에 모르는 게 투성이라면서 어렵다고 투정부리기도 한다. 사전을 찾아보라고 주문하면 귀찮아할 수 있으므로 이때 부모가 도와주면 그 고비를 넘길 수 있다.

이렇게 직접 사전에서 찾아보는 단어는 잘 잊어버리지 않는다는 장점이 있고 기억도 잘 된다. 행여 잊을세라 오늘 신문에서 찾은 생소한 단어는 꼭 일기장에서 써보도록 한다. 그러한 단어가 들어갈 문장을 만들어보면 더욱 좋다.

독서도 마찬가지다. 흔히 아이들에게 문학을 사랑하라고 말하기보다 책을 많이 읽어야 정보를 얻고 공부를 잘한다고 말한다. 읽고 나면 독후화도 그려보고 글의 줄거리와 주제, 그리고 구성 등을 찾아보라는 어려운 숙제까지도 요구한다. 그러나 아이들은 편안한 자세로 책을 읽고 놀이를 하고 싶다. 책 읽기도 쉽지 않은데 독후감까지 써야 하는 부담에 책에 대한 흥미를 갖지 못한 것은 어찌 보면 당연한 일이다.

따라서 아이들이 독후감의 부담을 갖지 않도록 쉬운 책부터 읽게 하고 서서히 습관을 들여야 한다. 그렇게 하루하루 쌓이다 보면 아이들의 어휘력이 놀라우리만큼 성장한다는 것을 알 수 있다.

둘째, 정확한 발음으로 10분 이상 소리 내어 읽어보도록 하는 것이 좋다. 보통 우리는 아이의 영어 발음에는 예민한 편이지만 우리말을 할 때에는 이해만 하면 그만이라는 식이다. 또 실제로 부모가 제대로 잘 알지 못해 지적을 못 해주는 경우도 많다. 그러나 정확하고 바른 발음으로 말을 하다 보면 전달력도 뛰어나 매사에 자신감을 갖게 된다.

셋째, 질문을 통해서 아이의 사고를 키우게 하자. 질문을 잘하는 것도 능력이다. 하루에 3개 정도의 질문을 만들어 부모와 대화를 나누면 호기심도 자극되고 논리적 사고도 생기게 된다.

넷째, 아이들에게 개인발전기록부를 쓰도록 권유해보자. 자신의 생활을 적어두는 노트를 만들어 주로 친절한 말투를 사용했는지, 칭찬받을 일을 했는지, 그리고 날마다 감사하게 느낀 점이 무엇인지 등을 기록하게 한다. 일지에 쓴 내용을 다시 볼 때마다 실천은 더욱 강화된다. 나는 이 기록부를 통해 아이가 목표를 세우고 성취하면서 좋은 성품과 삶의 지혜를 터득하기를 바란다.

다섯째, 가정에서 하는 토론은 아이에게 많은 영향을 준다. 토론의 장점은 그 주제를 더욱 분명히 이해하고 기억하는 데 도움을 주는 것이다. 이는 앞으로 나올 '우리 집 별별 행사, 가정의 밤'에서 좀 더 자세히 설명하겠다. 특히, 부모의 가르침과 소중한 경험들은 나중에 훌륭한 일을 많이 할 수 있는 밑거름이 될 수 있다.

박근혜 대표는 어렸을 적 역사 소설책을 즐겨봤고 특히 삼총사와 삼국지를 읽으면 설레기도 했다고 한다. 이후 청와대에 들어가면서부터는 성격이 조금 여성스럽고 차분해졌다고 회고한다. 아버지가 대통령이 된 이후, 어머니인 육영수 여사가 삼남매의 말과 행동에 많은 주의를 기울이셨기에 더욱 신중했다고 한다. 특히 초등학교 때부터는 그날의 잘한 일과 잘못한 일을 매일 빠짐없이 기록해야만 했다. 그러한 습관은 지금도 이어지고 있다고 한다.

이처럼 어려서부터 생각을 통해 따뜻하게 이야기하고 긍정적으로 표현한다면 우리 아이들은 분명 행복한 세상에서 살 수 있을 것이다.

놀토의 재발견, 생동감 있게 말하기

아이들은 간식으로 나오는 한라봉만 보면 눈빛이 달라진다. 몇 해 전 농장에서 아저씨와 함께 한라봉을 직접 따본 경험이 떠올랐는지 과수원에 다시 가서 노동과 수확의 기쁨을 느끼고 싶다는 둥 우리가 많이 먹어줘야 농촌이 부자가 된다는 둥 제법 들은 이야기를 섞어가며 말한다.

생동감 있는 이야기는 바로 자신이 경험하고 느낀 것을 적극적으로 표현할 때 나온다. 체험담은 경험에서 우러나오는 말이라 언제 들어도 진솔하고 실감이 난다. 자기가 다녀온 여행지나 경험 등은 내용이 살아 있고 선명해서 발표하는 데에도 자신감이 넘치고 확신에 찬 표정으로 할 수 있다. 그런 의미에서 체험학습은 경험을 축적해주고 말하기의 재료창고가 된다.

학습은 곧 고역이라고 생각하는 사람도 있다. 그러나 사실은 그 반대이다. 아이들은 재미있을 때 훨씬 효율적으로 배운다. 체험활동은 그런 의미에서 학습을 즐겁게 만드는 도구이다. 요즘 체험학습보고서를 남기는 아이들도 많다. 과제는 의무감으로 하는 것일지라도 방문한 곳에 대한 정보를 정리하고 사진도 직접 붙여보며 팸플릿도 버리지 않고 이용한다면 인터넷에서 쉽게 출력한 사진과 정보보다 훨씬 실감나고 살아 있는 자료가 될 것이다.

보고서 작성에서 끝나지 말고 내용을 충분히 숙지하여 생생하게 표현하는 훈련도 필요하다. 소감을 발표하는 것이 처음에는 쑥스럽고 낯설지만 몇 번씩 반복하다 보면 발표가 재미있고 익숙해질 것이다. 그러기 위해서는 어느 곳에 가든지 아이들 스스로 보고 느끼는 활동을 할 수 있도록 부모가 기회를 제공해주어야 한다.

전북 임실로 여행을 갔다면 치즈농장에서 직접 치즈를 만들어보고 임실치즈 이야기에 대해서 토의해보는 것도 좋다. 자녀들과 토의하고 대화를 나눌 때는 모범을 보일 수 있도록 부모 역시 생동감 있는 표현으로 자극을 주자. 아이들은 부모가 하는 언행을 보고 따른다는 사실을 기억하면 대충 말할 수 없을 것이다.

지식은 얻는 것이 아니라 경험하는 것이다. 탐구는 아이들 자신이 설정한 문제를 스스로 해결할 수 있다는 장점이 있고, 선택에 따른 결과를 알아가는 데 도움이 된다. 특히 체험활동은 창의력과 사고력을 키워준다. 주말, 노는 토요일을 이용해 가족과 함께한 활동이 아이의 잠재력을 키우는 데 기초가 될 수 있을 것이다.

미래에 희망하는 직업과 관련된 활동을 찾아 놀토에 투자해보는 것도 좋다. 아나운서가 꿈이라면 방송국 견학을 시작으로 해서 스피치 대회나 글쓰기 대회에 참여해보는 것이다. 이와 같은 활동 후에 기록을 하고 발표를 통해 완전히 정리를 하는 습관을 들이면 나중에 훌륭한 포트폴리오가 만들어질 것이다. 학습이란 수동적인 것이 아니라, 능동적이라는 것을 잊지 말자.

우리 아이 발표하는 날, 자세는 이렇게

의회가 있는 날, 윈스턴 처칠 전 영국 총리는 예정 시간보다 삼십 분이나 늦게 도착하고 말았다. 일부에서는 그를 게으른 사람이라며 비난하기 시작했다. 처칠은 머리를 긁적이며 "예쁜 부인을 데리고 살면 도저히 일찍 일어날 수가 없습니다. 죄송합니다. 다음부터는 회의가 있는 전날은 꼭 각방을 쓰겠습니다"라고 대답했다. 사람들의 반응이 어떻게 나왔을까? 웃음이 절로 나온다. 그를 도저히 미워할 수가 없을 것 같다. 자신이 비난받을 수 있는 자리에서 상황을 반전시킬 수 있다는 것은 보통의 내공이 아니다. 솔직히 그의 당당한 여유가 부럽고 그런 유머를 받아들일 수 있는 사회적 분위기가 더욱 부럽다.

우리가 말을 잘하고 싶은 것은 전문 아나운서나 명연설가가 되기 위한 수준은 아니다. 얼마나 분명하고 편안한 언어로 다른 사람과 소통할 수 있느냐에 관한 부분이다. 사실 글로 쓸 때와는 달리, 우리말로 이야기할 때에는 많은 사람들이 문법과 어휘상 오류를 범하기도 한다. 두서없이 말하고 났을 때의 그 기분을 우리가 느끼는 것처럼 말이다.

하물며 아이들은 어느 정도 훈련된 어른과는 달리 더욱 쉽지 않다. 집에서는 아주 똑똑한 아이가 학교에서는 시종일관 고개를 숙이고 마지못해 발표를 하는 모습을 볼 수 있다. 이유는 이러하다. 여러 사람 앞에 서는 심적 부담이 크기 때문이다. '다른 사람들이 나를 비웃지는 않을까? 내가 말하는 모습에 나만 쳐다보는 것은 아닐까?' 라는 필요없는 질문으로 자신을 괴롭히는 것은 좋지 않다.

한두 번도 아니고 아이에게 이런 현상이 지속되면 무대공포증이 생길 수도 있고, 얼굴이 빨개지는 상황에 극도의 불안감까지 갖게 되는 적면공포증으로 발전할 수 있다. 자세도 똑바로 서지 않고 몸을 긴들거리거나 구부정하게 서 있는 아이 역시 자신감이 부족한 결과이다.

이럴수록 말할 때마다 자세를 고쳐주면 아이는 점점 익숙해져 현장의 어려움을 잘 극복할 수 있다. 자세는 발표의 기본이며, 발표태도에 따라 말의 내용도 달리 해석될 수 있다. 발표를 할 때에는 다음에 오는 몇 가지 사항에 유의해야 한다.

첫째, 발표는 그냥 앉아서 하지 말고 꼭 자리에서 일어나서 해야 한다. 아이가 어깨넓이로 발을 벌린 후 앞뒤 어디에서 보든 일자 자세가 되어야 한다. 발뒤꿈치를 올렸다 낫다 하는 아이도 있는데 발바닥이 움직이지 않도록 고정하는 것이 필요하다. 그리고 아이의 자세를 살펴줄 때는 "자세가 이게 뭐니?"라고 하기보다는 "지금 자세도 좋아. 그런데 이렇게 등을 펴면 더 좋을 것 같은데?"라는 식으로 조언해주면 아이들이 더 쉽게 의견을 받아들일 수 있다.

둘째, 시선 처리이다. 아무리 말을 잘한다고 해도 앞의 친구들을 보지 않고 교실 바닥을 보거나 벽 한쪽만을 보고 발표를 한다면 전달력이 떨어져 듣는 사람도 산만해진다. TV진행자는 항상 앞을 보고 말한다. 시청자와 눈빛을 나누기 위함이다. 마찬가지로 발표할 때의 시선은 다른 친구들의 눈과 맞추는 것이 좋다. 눈을 마주치면 웃음이 나온다는 아이들도 있는데 그럴 때에는 상대방의 미간이나 입술, 턱 등을 바라보아도 괜찮다. 또 한쪽만 보는 것보다는 청중을 크게 세 부분으로 나누어서 가운데, 왼쪽, 오른쪽 분단 순으로 시선을 골고루 분배해주면 더욱 좋다.

셋째, 아이들 역시 좋은 몸 상태가 필요하므로 발표 전 날 충분히 잠을 잘 수 있도록 환경을 만들어주어야 한다. 잠이 부족하면 다음 날 머리가 활발히 활동하지 못한다. 그래서 영국의 경우는 밤 9시에 초등학생을 재우지 않으면 교사가 학부모에게 야단을 친다고 한다. 그만큼 충분히 잠을 자도록 해야 한다.

학습에 있어 실패는 최대의 적이 될 수 있다. 자녀가 실패를 느껴 의욕을 상실하게 하기보다는 조그마한 부분에서라도 성공을 느낄 기회를 주는 것이 필요하다. 부끄러워서 발표를 미처 하지 못했다면 서 있는 자세가 바르다는 것을 칭찬해주고, 한마디의 말이라도 대답을 했다는 성과에 초점을 맞춰주도록 하자. 자녀들이 성공적으로 배울 수 있도록 준비하는 데에는 시간과 인내 그리고 사랑이 필요하다.

아나운서 집에는
특별한 뭔가가 있다

우리 집 별별 행사, 가정의 밤

'가정의 밤'은 우리 집의 가장 중요한 행사다. 매주 일요일 저녁에 하는 가정의 밤은 시어머니와 친정어머니, 그리고 남편과 세 아이를 포함해 온가족이 함께한다. 이 시간은 서로를 존중하고 자신의 의견을 꾸밈없이 표현하는 시간이다. 가끔은 가정의 밤에 대해서 궁금해하는 친구네 가족을 집으로 초대하기도 한다.

가정의 밤은 그리 복잡하지는 않은 조그마한 행사이지만 '어떻게', '잘' 준비하는 것이 중요하다. 주로 가족 간의 대화와 메시지 전달, 노래, 게임, 다과 등의 순으로 진행된다. 남편은 그날의 메시지를 준비하고 나는 요리준비를 한다. 큰아이는 멋진 게임을 진행하겠다며 들떠 있고 둘째는 다과를 나르고 방석을 가지런히 놓는다. 사회는 돌아가면서 진행하는데 큰아이 인서가 진행을 맡은 날이었다.

"자, 지금부터 2010년 4월의 마지막 주 일요일 가정의 밤을 시작하겠습니다. 먼저 아빠의 메시지가 있겠습니다."

"자, 오늘은 '자립심'에 대해서 이야기를 나누겠습니다. 여러분, 로키 산맥의 유원지에 있는 한 숙박업소 주인은 손님들이 즐기도록 큰 새장에 독수리를 키웠습니다. 그 독수리는 잘 커서 힘세고 고상한 모습을 하고 있었어요. 그러나 어느 날 한 무리의 방문객이 이렇게 야생적이며 아름다운 동물을 가두어두는 것이 잘못이라고 말했습니다. 그 주인은 새장의 문을 열어 주었으나 그 새는 날아가려고 하지 않았어요. 억지로 독수리를 날려보내자 곧 죽고 말았습니다. 독수리는 먹을 것을 어떻게 잡는지 그 방법을 잊어버린 지 오래되었고 누구도 먹여주지 않아 살 수 없었습니다. 오늘은 우리 가족이 독수리에 대한 이야기를 토론하겠습니다. 자, 여러분은 이야기를 듣고 무엇을 느꼈나요?"

어린 자녀들은 주의집중 시간이 그리 길지 않다. 5분 정도의 부모의 메시지가 끝나면 아이들이 가장 좋아하는 게임을 한다. 주사위 놀이나 눈 가리고 상대방 알아맞히기, 신문에서 글자 찾기, 수수께끼 놀이 등 그야말로 어린 시절로 돌아가는 시간이다. 아이들 스스로 게임을 선택하게 하고 내용은 매주 달라진다. 다양하게 문제를 출제하는 아이의 상상력은 놀랄 만하다. 어린 아이들에게 가장 경이로운 아름다움은 현재에 온전히 몰두하는 것이다. 아이들은 하자고 마음먹은 일에 정신없이 몰두하는 모습을 보인다.

이제 마지막으로 다과 시간이 되면 아이들을 주방으로 데리고 간다. 그들에게 음식을 만들기 위한 재료를 각각 보여준 다음 이 재료들은 모두 그 자체로 좋은 것이지만 함께 섞어 요리하지 않으면 하나의 음식이 될 수 없다는 것도 설명해준다. 주로 함께 만들지만 손님을 초대한 날은 시간 관계상 미리 준비해놓은 맛있는 음식을 나눠 먹으며 정리한다. 시간은 40분 정도 소요되는데 어느새 친구네 가족도 흡수되었나 보다. 친구는 "모처럼 즐겁게 이야기하고 게임을 한 게 얼마만이냐? 우리는 이 시간이 주말드라마 보는 시간인데, 가족이 이렇게 놀 수도 있는 거구나"라고 말했다.

가정의 밤 행사를 할 때 유의할 것은 대화의 주제다. 주로 가족 문제를 토론하지만 단지 어느 한 사람에게 관련되는 문제나 가족을 난처하게 하거나 궁지에 몰아넣는 일은 없어야 한다. 그러면 모두가 불편해지고 가정의 밤을 싫어할 지도 모르기 때문이다. 또 한 사람이 말하면 다른 가족은 잘 들어준다. 가족 모두가 한마디는 할 수 있도록 돌아가면서 이야기를 나누며 내용에도 격려해준다.

우리 집 거실에는 가정의 밤 계획표가 붙어 있다. 순서와 시간표 등이 미리 정해져 있어 가족은 그 계획표대로 준비를 하게 된다. 아이들에게 가정의 밤은 즐겁게 노는 시간이지만 어느덧 가정의 소중한 추억을 만들고 덤으로 발표와 토론능력이 향상되고 있음을 발견할 수 있어 부모 입장에서는 더욱 신이 난다.

칭찬의 역효과, 칭찬도 기술이다

칭찬을 먹고 쑥쑥 자라나는 우리 아이들, 좋은 약이 되기 위해 한 번 더 생각하며 칭찬을 하자. 칭찬하는 것이 좋다고 해도 무턱대고 남발하다 보면 역효과가 날 수 있다.

나의 큰오빠는 어렸을 적부터 아주 똑똑하고 영리했다. 아버지는 주위 사람들에게 우리 아들의 아이큐가 148이나 되는 똑똑한 아이라고 늘 자랑을 하셨다. 장남인데다 공부도 잘해서 많은 사랑을 받은 오빠는 우리 집의 기대주이기도 했다. 지금은 공기업의 평범한 직원으로 일하고 있는 오빠는 가끔 내게 이런 말을 한다.

"나는 내 아이들에게 결코 똑똑하다고 칭찬하지 않아."

어른들이 무심코 했던 칭찬이 자신에게 항상 부담을 주었으며 자기 스스로도 영리하다는 것을 알고 있어서 노력을 중요하게 여기지 않았음을 고백했다.

그렇다고 오빠의 인생이 실패한 것은 결코 아니다. 당시의 기대치에 비추어 봤을 때 스스로가 만족을 못 하는 것이다. 그는 칭찬이 독이 될 수도 있으며 과잉칭찬을 받다 보면 자기중심적이 될 수 있음을 깨달았다고 했다.

　오히려 칭찬이 사람의 인생을 바꿀 수 있다. 심지어 아이를 망치게 하는 칭찬도 있다. 똑똑하고 영리하다고 칭찬받는 아이는 자신이 그것을 알고 인정하는 순간 노력을 게을리한다는 것이 심리학 실험에도 나와 있다.

　아이에게 진정 도움이 되는 칭찬을 해야 한다. 그러므로 가능하면 아이 스스로가 행동한 노력과 과정에 대해서 칭찬을 하자. 내 아이들은 엄마인 나의 말에 관심이 참 많다. 자신의 방을 아주 깔끔하게 청소한 뒤 엄마의 칭찬 한마디가 듣고 싶어 귀를 쫑긋 하고 바라본다. 그들은 과연 어떤 말을 기대하는 걸까? 나는 의도성을 갖고 말한다.

　"(놀란 표정으로) 너희들이 청소를 잘해서 아주 깨끗하게 치워졌구나. 엄마까지 기분이 좋아지는 걸?"

　이렇게 말하면 아이들은 금세 환한 웃음으로 답한다. 바람직한 행동에 대한 칭찬을 하면 아이는 기억했다가 이 행동을 더 많이 하려고 노력한다. 그리고 자신의 행동에 대해 책임도 느끼게 된다. 당연히 좋지 않은 습관은 조금씩 줄어든다.

　엄하게 키우는 가정을 보면 자녀에게 격려의 말을 잘하지 못하는 부모가 많다. 과도한 칭찬은 자녀에게 부담을 주고 위축하게 할 수 있지만 격려는 하면 할수록 아이에게 자신감을 키워주는 힘이 된다는 사실을 기억하자.

아이에게도 자기 스스로 다른 사람에게 칭찬을 자주 할 수 있도록 도와주자. 가족과 친구들의 장점을 발견하고 자신이 발견한 장점들을 마음속으로만 생각하지 말고 그들에게 있는 그대로 말하게 한다. 아이가 직접 칭찬을 하다 보면 아이의 기분도 훨씬 더 좋아지게 될 것이다. 칭찬을 하는 기쁨을 만끽하게 하자.

기상캐스터 되어 보기

TV에서 〈9시 뉴스〉가 끝나갈 무렵 날씨정보를 전달해주는 상냥한 언니가 참 좋은가 보다. 아이들은 곧잘 흉내를 낸다. 좋은 아이디어가 떠올랐다. 아이들에게 매일 아침 돌아가면서 자기만의 날씨정보를 전해보라고 했다. 나의 주문에 고개를 갸웃거리는 아이들은 엄마가 먼저 시범을 보여달라고 했다.

"좋아, 내일은 엄마가 한다."

그러나 막상 하려고 하니 아나운서 엄마 체면에 TV 속의 예쁜 언니들보다 못하면 안 될 것 같았다. 20대 시절 KBS 2TV 〈전국은 지금〉이라는 생방송 프로그램에서 날씨를 선했던 경험을 떠올리며 다음날 아침을 기다렸다. 가정방송이긴 하지만 방송은 방송이다. 왜 이렇게 떨리는지 아이들의 심정도 이해가 간다. 먼저 인터넷에서 얻은 정보를 간추리고 오늘의 날씨와 어울리는 옷차림과 스카프까지 목에 칭칭 감은 채 거실에 섰다.

"박진영 기상캐스터, 오늘의 날씨 전해주시죠?"

작은아이의 소개를 이어받았다.

"네, 오늘은 꽃샘추위가 절정을 달해 아주 춥겠습니다. 서울과 강릉은 바람이 몹시 불어 체감온도는 더욱 내려가겠습니다. 낮 최고 기온은 영상 4도로 낮겠습니다. 언제까지 춥냐고요? 이 추위는 내일이 지나면 한풀 꺾이겠습니다. 멋 부리려고 얇은 옷을 입기보다는 저처럼 스카프라도 준비하시기 바랍니다. 여러분의 건강까지 책임지고 싶어 하는 기상캐스터 박진영이었습니다."

"와, 우리 엄마 멋지다."

아이들의 함성과 뽀뽀 세례를 받다 보니 어깨가 으쓱해졌다. 지금이라도 당장 생방송을 할 수 있을 것 같은 착각도 잠시 해보며 다음 날 아침을 기대했다. 큰아이부터 날씨 정보를 전하는 날이다. 쑥스러운 표정에 온몸을 비비 꼬고 휘감으며 엄마처럼 못하겠다고 너스레를 떤다.

"자, 해봐. 처음부터 잘하는 사람은 아무도 없어. 처음은 누구나 못하는 거니까 부담 갖지 말고 해봐. 응?"

"그래도, 엄마. 나 이거 안 하면 안 돼요?"

"우리 약속했잖아. 엄마가 칭찬해줄게. 그냥 하면 돼."

어르고 달래느라 시간이 꽤 지났다. 그렇다고 포기할 내가 아니다.

"자, 이번에는 날씨를 알아보겠습니다. 정인서 기상캐스터?"

"날씨를 말씀드립니다. 오늘은 저처럼 입고 나갔다가는 큰일납니다. 하늘에서 눈이 내릴지도 모릅니다. 손을 호주머니에 넣고 걷다가는 넘어져서 우리 할머니처럼 다리를 절뚝거릴지도 모릅니다. 빨리 따뜻해진 봄날이 오도록 여러분을 대신해서 제가 빌겠습니다. 이상입니다."

"……."

눈물이 핑 돌았다. 부모라면 아이의 말과 재롱에 한 번쯤은 눈물 어린 감동을 받아봤을 것이다. 나의 의도는 바로 이것이었다. 아이들에게 창의력과 상상력을 넣어주고 싶었다. 날씨와 자연에 관심을 갖게 하고 그것을 스스로 말로 표현하게 하고 싶었다. 둘째 소은이도 언니에게 질세라, 아주 열심히 준비하고 또 준비한다. 비록 서툴고 미숙하지만 그들의 표현력은 나의 입을 딱 벌어지게 했다. 어느 날은 북한의 날씨를 준비하더니 다음 날은 우리 집의 분위기 날씨, 동물들의 날씨까지 예보한다.

"아빠가 일찍 들어오시면 오늘 날씨는 바로 맑겠습니다."

또 날씨가 좋은 나라의 패션을 패러디해서 쇼를 방불케 하는 천진난만한 아이들을 보니 참 흐뭇했다.

날씨정보에 나오는 전문용어는 직접 찾아보고 같이 해석하다 보면 어휘력도 늘어난다. 무엇보다 가장 큰 혜택은 발표력을 키워준다는 것이다. 재미있게 준비하고 자신감도 생기다 보니 자꾸 발표해보고 싶어지는 것이다.

덕분에 아이들의 일기장은 날씨 묘사가 아주 다양하다. 생각나는 대로 써봤다는 아이들은 내일도 그럴싸한 몸짓과 말투로 멋진 발표를 할 것이다.

 ## 소심한 아이 독립심 기르기

　동물은 태어나면서부터 생존의 법칙을 배운다. 동물의 세계를 보면 어미는 새끼가 스스로 살아갈 수 있도록 도와주며 보호하고 그 과정에서 새끼는 독립적으로 살아갈 방법을 배워간다. 여기에서 어미의 과잉보호라는 것은 없다. 인간도 동물과 크게 다르지 않다. 인간은 궁극적으로 독립해야 한다.

　서구의 청소년들은 부모의 보호나 덕을 보려고 하지 않는다고 한다. 아무리 재산이 많은 부모라고 하더라도 자식에게 무조건 제공하지 않을 만큼 부모와 자녀 사이를 엄격히 구분하고 있다. 따라서 사소한 일도 스스로 선택하고 결정해야 한다. 그 과정에서 자녀는 자신의 생각과 판단을 말로 정확하게 전달해야 순조롭게 일이 해결됨을 배우게 된다. 여기에 부모의 조언이 곁들어지면서 자신이 최종 결정을 하는 것이다. 자기 주장을 펼치는 것이 자연스럽게 습득되는 환경이 부럽기도 하다. 아이들이 자립심을 키울 수 있도록 어미동물의 현명함을 닮아보자.

　내가 아는 어떤 분은 어렸을 적 아주 소심하고 수줍음이 많은 아이였다. 그가 사는 작은 마을에는 극장이 하나 있었는데 어느 토요일, 영화 중간에 있는 쉬는 시간에 직원이 10단 변속 고급 자전거를 끌고 나왔다. 예쁜 빨간색 자전거였다. 관객 중 입장권 응모에 당첨된 사람에게 상품으로 주겠다고 했다. 그는 그 자전거가 정말 탐이 났다.

　발표자가 상자에 손을 넣어 응모권 하나를 꺼내 응모권 번호를 읽었는데 당첨된 사람은 바로 그였다. 그런데 그는 온몸이 굳어서 아무 말도 못했다. 너무 수줍고 당황스러웠다. 일어나서 모든 사람에게 자신이 바로 당첨자라고 알릴 만한 자신감이 없었던 것이다. 결국 발표자는 다른 번호를 꺼내 읽었다. 그 번호는 바로 그의 친구가 들고 있던 것이었고 친구는 환호성을 지르며 벌떡 일어나 무대로 뛰어올라가서 자전거를 받았다.

영화관을 나와 홀로 집으로 걸어가면서 〈미운 오리 새끼〉 이야기를 떠올렸다. 아무도 자신을 좋아하지 않는다고 여기고 숨을 곳을 찾아 숲속을 배회하는 듯한 느낌이 들었다. "너는 할 수 없어", "너는 좋지 못해", "무슨 소용이 있는가", "아무 희망이 없는 일"이라는 절망의 속삭임이 자신을 약하고 비참하게 만들려고 했다. 그러다가 집에 도착할 때쯤에 자신이 변화해야 한다는 것을 깨달았다. "이제 성장할 때야. 그런 일은 두 번 다시 일어나지 않을 거야"라며 담대하게 나아가야 한다고 다짐한 것이다. 그 이후 그는 주변에 자신을 사랑하고 보살펴주는 이들이 있다는 것을 깨닫기 시작하며 자신 앞에 놓인 장애물을 뛰어넘을 힘을 가족과 주변의 어른들을 통해 얻을 수 있었다고 말했다.

그는 미국 사회에서 봉사를 많이 하는 인물이 되었으며 적극적인 사람으로 성장해 많은 사람들에게 존경을 받고 있다. 소심하고 수줍어했던 그에게도 내재되어 있었던 잠재력이 나온 것이다.

다음은 어느 소녀가 소심함에서 벗어나 행사의 사회자가 되기까지의 경험을 담은 이야기이다.

나는 중고등학교 시절에 병으로 인해 학교 수업이나 모임에 절반밖에 참석할 수 없었습니다. 그리고 참석을 하더라도, 활동에는 참여할 수 없었어요. 친구를 사귈 수도 없었고, 그들의 생활에 잘 끼어들 수도 없었으므로, 나는 '외톨이'였습니다.

단 한 번 파격적인 시도를 해서 웅변대회에 출전했던 적이 있습니다. 나는 그 대회에서 형편없이 실패했습니다. 그때 그곳에서 나는 내 껍질 속에 머물기로, 그래서 다시는 상처받지 않기로 결심했습니다. 그러나 나의 선생님은 다른 결심을 했습니다. 처음으로 나만의 공간에 조용히 앉아 있도록 내버려두지 않는 교사를 만난 것입니다. 선생님은 나에게 이번 연회 프로그램의 사회자가 되어 화제를 정하고, 응답에 따라 이야깃거리를 꺼내는 일을 지명했습니다. 나는 할 수 없다고 했습니다.

"할 수 있어!"라면서 그는 시시때때로 나를 안심시켜 주었습니다.

"하나부터 열까지 모두 도와줄게."

나는 마음속으로는 실패할 것을 알고 있었으나 선생님을 사랑했으므로 해보기로 했습니다. 우선, 그와 나는 가능한 여러 가지 화제에 대해 이야기를 나눴습니다. 나는 대본을 썼으며 선생님의 세심하고 사랑에 넘친 제언을 받아 여러 번 고쳐 써서, 나중에는 내가 봐도 훌륭하다고 생각할 정도의 대본을 만들었습니다.

그러나 나는 선생님께 이렇게 말했습니다.

"300명이나 되는 소녀들 앞에 서서 이것을 말할 수 없어요. 나는 형편없이 보일 거예요. 나는 예쁘지도 않고 매력적이지도 못해요. 이 저녁 모임을 망치게 될 거예요."

그는 나를 안아주며 이렇게 말했습니다.

"쓸데없는 소리 마. 너는 그날 저녁에 스타가 될 거야."

그리고 그는 여러 번 내가 맡은 역할을 연습하는 것을 지켜봤습니다. 심지어 연회가 열릴 호텔로 데리고 가서 거기에서 말해보도록 했습니다. 선생님은 내가 실제 상황을 경험할 수 있도록 마이크까지 준비해 놓았습니다. 그런 다음 그는 내가 입을 옷을 보자고 했습니다. 그날 밤 그는 나를 위해 코르사주를 가져왔는데 그것은 내 옷에 잘 어울렸을 뿐만 아니라 내 마음까지 고무시켜주었습니다. 그는 미용사에게 내 머리를 더 잘 어울리게 손질하도록 했습니다. 그러나 무엇보다 훌륭했던 점은 선생님이 연회가 열리기 직전에 나와 함께 무릎을 꿇고 내가 열심히 노력한 사랑스러운 소녀라고 말하며 맡은 일을 훌륭하게 해내라고 손을 잡아준 것이었습니다. 그의 사랑이 나를 에워싸고 있는데 어떻게 실패할 수 있었겠습니까?

이 이야기에서 알 수 있듯이 한 사람의 재능과 잠재력을 끄집어내고 그들의 노력을 칭찬해주며 격려해줌으로써 자신을 존중하는 마음을 길러주는 역할이 부모와 교사에게 필요하다. 선생님은 강력한 영향을 줄 수 있다. 소심한 아이가 자신감을 찾아 훌륭한 사회를 보고, 이웃을 위해 봉사하는 마음을 기르는 데에는 주변의 도움이 절실하다. 아이의 자립심을 위해 우리가 좀더 관심을 갖고 한마디의 말이라도 정성을 담아보자.

Epilogue

사람의 마음을 움직이는 말의 위력

초등학교 2학년 시절 담임선생님은 날마다 일기장을 검사했다. 맨 아랫줄에 선생님의 사인과 "참 잘 썼어요"라는 글씨가 보이는 날은 정말 행복했다. 그 꿀맛이 생각나 나는 지금까지 일기를 쓰고 있다. 상자 속에 들어 있던 낡은 일기장 속을 들여다보니 이런 글이 쓰여 있었다.

1979년 4월 3일 수요일, 날씨 : 해가 떴는데 뜨거웠음

오늘 나는 더웠다. 엄마가 춥다고 따뜻하게 입으라고 하시니 하는 수 없이 내가 좋아하는 옷을 입고 가지 않았는데 너무 더워서 엄마 말

들은 것을 후회했다. 선생님은 국어 시간에 내가 발표를 잘한다고 칭찬해주셨다. 화장실에 갈 때 선미가 왜 나만 발표하냐고 따져서 나도 너희들이 안 하니까 한 것이라고 말해주었다. 내일부터는 나도 발표를 하기 싫을 것이다. 그래도 친구들이 안 하면 선생님이 실망하니까 나라도 하는데 아이들은 그것도 모르고……. 2학년이 되었다고 작은 오빠가 연필 한 자루를 주었다. 나도 고마워서 지우개를 주었다. 오빠랑 안 싸워야겠다. 끝.

조그마한 아이가 말하고 싶은 욕심은 많았나 보다. 발표를 좋아했던 아이는 어른이 되어서 아나운서로 활동하고 스피치에 대한 공부를 하게 됐으니 말은 나에게 있어 참 소중하다. 때로는 말로 인해 상처를 받고 울었던 적도 많았다. 그런 나 역시 남에게 상처주는 말을 했던 적이 있다.

하루에 내가 하는 말은 얼마나 될까? 아침부터 밤까지, 잠꼬대까지 합하면 24시간 적잖은 말을 할 것이다. 요즘은 아침마다 기도를 한다. 나의 입에서 나오는 말들이 이제는 남에게 힘이 되고 사랑의 향기를 내뿜어줄 수 있도록 해달라고 말이다. 사람은 성장을 한다. 하루가 다르게 조금씩 아주 조금씩 노력하다 보면 사려 깊은 말과 행동을 할 수 있을 것이다.

올해 초 나는 스피치 강의를 받고 있는 대학생을 대상으로 자신을 가장 행복하게 했던 말과 가장 슬프고 상처받은 말은 무엇인지 설문조사를 했다. 들었을 때 가장 행복했던 말로는 "네가 최고야"란 말이 선정됐다. 최고라고 인정을 받는 순간 자신감과 용기를 얻게 된다는 의견이 많았다. 반대로 가장 슬프고 상처받았던 말은 "정 떨어진다"와 "재수 없어"인 것으로 나타났다.

나를 가장 행복하게 했던 말

❶ 네가 최고야.
❷ 엄마(아빠)는 너를 믿는다.
❸ 수고했어, 힘들었지?

가장 슬프고 상처받았던 말

❶ 정 떨어진다, 재수 없어.
❷ 언제까지 그렇게 살래?
❸ 네가 하는 일이 다 그렇지 뭐, 실망이다.
❹ 얼굴 좀 고쳐라.

부모에게 들은 가장 힘이 되는 말

❶ 우리 딸(아들)이 최고야.
❷ 네가 있어 듬직하다.
❸ 넌 무엇이든 잘할 거라고 믿는다.

앞의 결과를 살펴보면 사람은 자신이 인정과 신뢰를 받고 있다는 말을 가장 듣고 싶어 한다는 것을 알 수 있다. 슬픔과 상처를 주는 대신 상대에게 힘이 되는 말을 하자. 따뜻한 마음을 담아서 내는 목소리, 진심이 우러나는 목소리가 가장 좋은 이유가 여기에 있다.

나는 집에서 나오기 전에 거울을 보며 몸단장을 한다. 행사 사회를 보는 날이면 정성스런 화장과 옷차림 등 만반의 준비를 한다. 이제는 입에서 나오는 말도 거울에 비춰보며 제대로 말하고 싶다. 화려한 말보다는 정감 있고 따뜻한 마음이 전달되는 그런 말을 하고 싶다. 내가 변화해야 한다. 내가 새로워져야 한다. 나무의 몸에 박힌 그루터기처럼 다른 사람의 마음을 안아주는 말의 주인이 되고 싶다.